Moriz von Craun

Unter Mitwirkung von

Karl Stackmann und Wolfgang Bachofer

im Verein mit

Erich Henschel und Richard Kienast

herausgegeben

von

Ulrich Pretzel

MAX NIEMEYER VERLAG TÜBINGEN

1956

ALTDEUTSCHE TEXTBIBLIOTHEK

BEGRÜNDET VON HERMANN PAUL†
HERAUSGEGEBEN VON HUGO KUHN
NR. 45

Printed in Germany

Satz und Druck: Allgäuer Heimatverlag GmbH., Kempten/Allgäu

Vorwort

Die vorliegende Neuausgabe des 'Moriz von Craûn' ist das Ergebnis langjähriger Bemühungen um dies einzigartige Denkmal. Sie kann leider noch nicht ganz in der Form zutage treten, die uns als Ideal mittelhochdeutscher Editionen vorschwebt. Es wäre uns und sicher auch den Benutzern viel erwünschter gewesen, neben dem kritischen Text nicht nur einen diplomatischen Abdruck der Handschrift, sondern sogar einen Faksimiledruck vor Augen zu haben. Aber die Kosten hierfür sind einstweilen noch so groß, daß wir lieber die Mühen der Manuskriptherstellung einer möglichst genauen Abschrift auf uns genommen haben, die in manchen Punkten (wie bei der Groß- und Kleinschreibung oder bei der richtigen Deutung der kleinen Überzeichen oder bei der exakten Festsetzung der Trennung und Ineinsschreibung der Wörter) doch resignieren mußte, und ebenso hat der Verleger lieber die Kosten für die Herstellung ungewöhnlicher Typen getragen, um eine in den Lauten genaue Wiedergabe des handschriftlichen Textes zu erreichen. Mußte schon hierin unsere neue Editionsform hinter den höchsten Wünschen zurückbleiben, so haben wir außerdem noch einen anderen Verzicht üben müssen: das Ideal der Vollständigkeit hätte wohl auch ein möglichst umfassendes Wörterverzeichnis (mit oder ohne Übersetzungs- und Interpretationshilfe) und ein Reimregister sowohl der alten Überlieferung wie des neuen Textes enthalten sollen. Beide existieren natürlich in Manuskriptform, ebenso eine sorgfältige Übersetzung; wir glaubten aber aus mehreren Gründen von diesen Beigaben Abstand nehmen zu dürfen.

In anderer Hinsicht jedoch hoffen wir mit unserer neuen Ausgabetechnik einen nicht unwesentlichen Fortschritt vollzogen zu haben, indem wir grundsätzlich an Stelle eines für den Autor, den Setzer, den Drucker, den Korrektor, den Benutzer gleicherweise mühsamen und zudem unbefriedigenden Auswahlapparates den synoptischen Druck wählten. Dem Herausgeber der Altdeutschen Textbibliothek sowohl wie dem Verleger danken wir aufrichtig, daß sie, wenn auch zunächst nicht ohne Bedenken, unserm wohlbegründeten Wunsche schließlich nachgegeben haben.

Der textkritische Apparat, der nun von den Handschriftlesarten entlastet werden konnte, bleibt gleichwohl noch umfänglich genug, obwohl wir uns bei ihm natürlich möglichst eingeschränkt haben: bei weitem nicht alle Überlegungen und Vorschläge, vor allem nicht die Begründung für die schließlich gewählte Lesart, sind hier mitgeteilt worden — der äußere Zwang der Umfangsbeschränkung hat ja auch sein Gutes. Und gegenüber der alten Gewohnheit, diesen Apparat anhangweise dem Text nachfolgen zu lassen, haben wir ein für altdeutsche Textausgaben noch ungewohntes, bei neuzeitlichen Schulausgaben schon wohlerprobtes Verfahren zur Anwendung gebracht, das wiederum eine Synopse ermöglicht und damit die kritische Arbeit an dem Text außerordentlich erleichtert.

Unser diplomatischer Abdruck der Handschrift macht die Sprache des Schreibers, in unserm Falle also Hans Rieds, einmal an einem (kleinen) Denkmal deutlich sichtbar. Schon dadurch dürfte der jüngeren Generation, die leider mit Handschriften nur noch sehr selten in Berührung kommt, aber gegen 'kritische' Texte gleichwohl unerwartet kritisch eingestellt ist, vielleicht doch ein Lichtlein sowohl über die Unentbehrlichkeit wie über die Schwierigkeit dieses philologischen 'Hauptgeschäftes' aufgehen. Und damit berühren wir das wichtigste Anliegen unserer Aufgabe: an einem nach Gehalt und Form wertvollen Denkmal das Beispiel einer wirklich kritischen Ausgabe zu geben. Wir sind dabei über seinen letzten so verdienten Herausgeber noch weit hinausgegangen und mußten es, dem Dichter zuliebe, der es beanspruchen kann, daß wir sein Werk in der denkbar echtesten Gestalt wiedergewinnen. Es ist hier nicht der Ort (so notwendig es endlich einmal wäre nach der allzu langen, allzu bequemen Vernachlässigung der einst als Krone allen philologischen Tuns angesehenen, jetzt kaum noch geübten Kunst der Textkritik), eine erneute Begründung dieser Grundlage unseres ganzen Handwerks zu geben —

es könnte nach Entschuldigung klingen. Wir sind uns bewußt, daß diese Kunst auch ins Unerreichbare vorzudringen bemüht ist, glauben aber, auch wenn das letzte Ziel nicht erreichbar ist, doch auf dem Wege zu ihm so weit wie irgend möglich vordringen zu müssen. Beweisen lassen sich unsere (meine) Entscheidungen nicht überall; damit sind sie noch nicht widerlegt! Immer wird der Textkritiker bei der Reinigungsarbeit, die er zu vollziehen hat, der Gefahr unterliegen, gelegentlich auch den Dichter selbst noch zu 'verbessern' und sein kritisches Messer zu scharf anzusetzen. Dies ist bei weitem nicht so gefährlich wie das selbstgenügsame Resignieren und unfruchtbare Verharren bei einer als verderbt erkannten Überlieferung.

Es bleibt noch die Pflicht, das reiche Titelblatt zu interpretieren. Die drei Herausgeber des Mittelhochdeutschen Wörterbuches haben, wie es der Apparat noch deutlich verrät, gemeinsam die Arbeit begonnen, als sie das Denkmal für das Wörterbuch neu interpretierten und exzerpierten, und später ihren Text mehrmals gründlich revidiert. Sodann sind der Ausgabe Seminare in Berlin, Heidelberg und Hamburg zugute gekommen. In den letzten Jahren habe ich außerdem in vielen Sitzungen zu zweit, in den verschiedensten Kombinationen, das Denkmal wieder und wieder durchgearbeitet. Zum Schluß haben zwei jüngere Freunde besonders bei der Manuskriptherstellung des Apparates opferwillig geholfen, ihrerseits noch wieder von freundlichen Helferinnen unterstützt. In den zahlreichen Fällen, wo die Meinungen voneinander abwichen, mußte endlich einer die Verantwortung für die gewählte Textform auf sich nehmen. Den genauen Anteil jedes einzelnen können wir weder feststellen noch hier mitteilen; soweit möglich, gibt ihn der Apparat an. Die Erinnerung an die schönen Stunden des Bemühens um eine bedeutende Dichtung wird allen daran Beteiligten lebendig bleiben; möge ihre gemeinsame Arbeit fruchtbar sein!

Hamburg, im Oktober 1955.   U. P.

[2ᵛa] Von Kûnig Nero ainem Wûet/trich. der auch
wie ein fraw Swan/ger wolt sein. Vnd sein mûeter/
aufschneiden liesse. von seins fûrbitz/

Ir habt dick vernomen.
vnd ist auch/ mit red fûrkomen.
von warlichen/ mêren.
daz Ritterschafft ye wêren/
wert vnd mûs ŷmmer wesen.   5
wir/ hôren an den pûechern lesen.
wo man/ Jr von erste began.
vnd wo Sÿ seŷder/ bekan.
Krŷechen haÿsset daz lant/
Da man den list aller erste vandt./   10
der zu Ritterschefft gehôret.
da wart/ Sÿ do zerstôret.
Zu krĩechen hûb sich/ ritterschafft.
da Sÿ Troŷ mit kraft./
besassen durch ein fraŵen.   15
da môcht/ man schaŵen.
manigen kriechen/ nach sage.
die geleiche wurben alle/ tage.
vmb ritterlichen breÿs.
Ector/ vnd Pareis.   20
Eienûs vnd Diephebus./
vnd jr Brûder Troŷlûs.
die kuênen/ nôtuesten.
die werten den gesten./
vor der mauren dick jr veld.   25
vnd ga-/ben sôlich widergelt.
den hochfertigñ / kriechen.
daz Sÿ tôdten vnd siechen./
widerfûrten zu here.

Ir hât dicke vernomen
unde ist iu mit rede vür komen
von wârlîchem maere,
daz ritterschaft ie waere
wert unt müeze ie mêre wesen.   5
wir hoeren an den buochen lesen,
wâ man ir von êrste began
unde war sî sider bequan.
Kriechen heizet man daz lant,
dâ man den list alrêrste vant,   10
der ze ritterschefte hoeret;
dâ wart sî sît zerstoeret.
ze Kriechen huop sich ritterschaft,
dô sie Troie mit kraft
besâzen durch ein vrouwen.   15
dâ mohte man wol schouwen
manegen Kriechen nâch sage,
die gelîche wurben alle tage
umbe ritterlîchen prîs.
Ector unt Pârîs,   20
Elênus unde Deiphobus
unde ir bruoder Trôilus,
die küenen nôtvesten,
die werten den gesten
vor der mûre dicke ir velt   25
unt gâben solichez widergelt
den hôchverten Kriechen,
daz sie tôten unde siechen
wider vuorten zuo ir here.

der kriechen/ Sturm vnd der were. 30
reichet nye fûr/ ware.
Sy hetten also manig jare./
 Ich sagte auch wol fûrbas.
von Troŷ/ was hulffe das.
wir mûgen es las-/sen beleiben. 35
Es kûnde nÿemand gar/ geschreiben.
Dares der da was.
der/ die nacht schrib vnd las.
was des ta-/ges da geschach.
als Ers mit augen/ ane sach. 40
dem gepristet an dem mère./
wie die Troŷere.
waren Jr vrbar./
die weÿl Ector.
lebte vnd jr aller pflag./ 45
also aber Ector gelag.
do schwachet jr/ Eere.
tèglichen sere.
sein hertze jr all-/er hertze was.
Bandaros vnd Eneas./ 50
die waren auch dauorne.
offt mit/ zorne.
da man Heldes werch worchte./
manig streit an forchte.
was vor Troŷ/ dicke. 55
daz man die Schwertes plicke./
nicht wol durchsehen mochte.
ein/ zage da wenig dòchte.
da die weÿgan-/den.
aus manigen lannden. 60
mûstñ/ zu allenntzeiten.
an die Burgere/ streiten.
Wann Sÿ wolten im tage./
da starb vil maniger zage.

Der Kriechen sturm unt widerwere 30
ruowete nie vür wâr,
sie hâten arbeit manec jâr.
   Ich sagete iu noch wol vürbaz
von Troie — waz hulfe daz?
wir mügen ez lân belîben: 35
ezn kan niemen gar geschrîben.
Dares, der dâ mite was,
der die naht schreip unde las,
swaz des tages dâ geschach,
alse erz mit ougen ane sach, 40
dem gebristet an dem maere,
wie die Troiaere
werten ir urbor,
al die wîl unde Ector
lebete unde ir aller pflac. 45
dô aber Ector gelac,
dô swachete ir êre
tegelîchen sêre:
sîn herze ir aller herze was.
Pandarus unde Enêas 50
die vâhten ouch dâ vorne
offenlîche mit zorne,
dâ man heldes werc worhte.
manec strît âne vorhte
was vor Troie dicke, 55
daz man die swertes blicke
niht wol durchsehen mohte.
ein zage dâ wênic tohte,
dâ die wîgande
ûz vil manegem lande 60
muosen zallen zîten
an die burgaere strîten,
wan sie wuoten al ir tage.
dâ stürbe vil maneger zage

von vorch-/ten on wûnden.   65
die Er hat zu allen/ stunden.
da Troÿare Ectorn ver-/lurn.
den Sÿ zu troste all erkurn.
da/ schwachet Troÿe alle tag.
v̂ntz Sÿ/ wûest gelag.   70
Zu Troÿe geschach/ wûnder.
das ist ein red besonnder./
der jch gern ein ennde fûnde.
mit/ worten ob ich kûnde.
darumb ich Sÿ/ v̂berhaben han.   75
das ist durch freûde/ getan.
Ritterschafft mag zu merckñ/ sein.
das ward zu den kriechen schein./
Wann da man Sÿ mÿnnet.
der Sÿ/ vehen begÿnnet.   80
den flewhet auch Sÿ/ zehandt.
Also tet der kriechen lanndt./
da Sÿ des schaden da verdros.
da wart/ jr das lanndt plos.
Ritterschafft/ vnd eere.   85
die mûs kosten sere.
das ist/ ein sit vnd massen alt.
der doch nŷe [2ᵛb] alters entgalt.
er neẃet aller tĝegelich./
vnd bereitet sich.   90
weÿt im lannde./
Eer vnd schannde.
flÿehent einander./
was der bidere Alexannder.
der kriech-/en lannde betzwang.   95
das verlûren Sÿ/ ane danck.
das was jr poshait schuld./
man zÿnnset jnen nu geben Sÿ schuld./
das ist doch ein vngeleiches leben.

vor vorhten, âne wunden, 65
die er haete zallen stunden.
dô Troiaere Ectorn verlurn,
den sie ze trôste in erkurn,
dô swachete Troie allen tac,
unz sî wüeste gelac. 70
ze Troie geschach grôz wunder;
daz ist ein rede besunder,
der ich gerne ende vünde
mit worten, obe ich künde.
war umbe ichs überhaben hân? 75
daz ist durch vremede getân.
   Ritterschaft mac niht in werde sîn
(daz wart zuo den Kriechen schîn),
wan dâ man sie minnet.
der sie vêhen beginnet, 80
den vliuhet ouch sî zehant.
alsô tetes der Kriechen lant:
dô sie des schaden dâ verdrôz,
dô wart ir daz lant blôz.
ritterschaft umbe êre 85
diu muoz kosten sêre:
daz ist ein site unmâzen alt,
der doch nie alters engalt;
er niuwet allertegelich,
er mêret unde breitet sich 90
wîten after lande.
êre unde schande
vliehent einander.
swaz der biderbe Alexander
den Kriechen lande betwanc, 95
daz verlurn sie âne danc;
daz hânts durch bôsheit verscholt:
man zinsete in, nû gebent sie solt. 98

man/ gab jn nu můessen Sÿ geben.   100
von den/ mocht man gern ere han.
Sÿ lonet/ on valschen wan.
Es was da/ mit krefften.
noch von herschefften./
kain stat in den reichen.   105
die Rome/ môcht geleichen.
Rome was die/ måre.
die stoltzen Romåre.
Ritter-/schafft begůnden.
Zehannt als Sÿ sich/ versunnen.   110
was gůter freůd daran/ lag.
die pesseret sich alle tag.
Zu Rome/ Ritterschafft beleib.
da man Sÿ von/ kriechen vertreib.
Zehannt do Sy kom-/en dar.   115
Iulius Cesar.
der emphieng/ Sy ritterliche.
vnd zwang alle reiche./
daz jm dienten die lannd.
ein lob er-/kos sein hannd.   120
daz Er ÿmmerme hat./
die weÿl dise welt stat.
Wenn so leret/ sein můt.
daz Er gern das peste thůt./
dem gelinget daran.   125
so ist vil manig-/er man.
in der welt den ich syhe.
on Eere/ als ein vihe.
was sol dem ze leben.
der/ verschwendet vergeben.   130
baÿde gnad vnd/ rat.
den got der welt gegeben hat./
   Rome stůnd mit eren.
bis/ an den kůnig Neren.

des möhte ein man gerne êre hân: 101
sî lônet âne valschen wân.
  Ez was dô an krefte
noch an hêrschefte
kein stat in den rîchen,   105
diu Rôme mohte gelîchen:
Rôme was diu maere.
die stolzen Rômaere
ritterschaft begunnen;
zehant sie sich versunnen,   110
waz guoter vröude dar ane lac,
unt bezzerte diu sich allen tac.
ze Rôme ritterschaft beleip,
dô mans von Kriechen vertreip.
zehant dô sî was komen dar,   115
Jûlius Cêsar
der empfienc sie ritterlîche
unde twanc elliu rîche,
daz im dienden diu lant.
einen lop erkôs sîn hant,   120
daz keiner ie mêre hât,
die wîl unde disiu werlt stât.
swen sô lêret sîn muot,
daz er gerne daz beste tuot,
dem gelinget wol dar an.   125
sô ist nû vil maneger man
in der werlde, den ich sihe
âne êre leben alse ein vihe.
waz sal dem ze lebene?
der swendet vergebene   130
beide genâde unde rât,
diu got der werlde gegeben hât.
  Rôme stuont mit êren
unz an den künec Nêren,

der/ seÿder ѵber lanng kan.   135
der/ was ein hart ѵbelman./
Wann ers alles volbrachte.
das im das/ hertz erdachte.
es wẻre ѵbel oder gût./
was jm geriet sein mût.   140
des kunde jm/ nicht erwenden.
Er mûst es mit werc-/ken enden.
Er liess jm tûn als einem/ weÿb.
Vnd het auch man fûr beÿbes/ leÿb.
Vernemet wie Er einen tag.   145
alles/ denckende lag.
wie einem weÿbe wẻre./
die trûeg vnd kind gepẚre.
des wûndert/ jn sere.
Do sanndt der kûnig Nere.   150
ein/ poten drate.
nach seinem Artzate.
Er/ sprach mit welhen sachen.
wild du an/ mir gemachen.
daz Jch ein kindt gewin-/ne.   155
nu keere deine sÿnne.
daran des/ wirt dir michel not.
oder du mûst/ kyesen den todt./
   Des anntwûrt jm der Artzt./
es wirdt hart gût Rat./   160
Jch verende all dein pete./
vnd gab jm ein pollier daz/ da krẚete.
Wûchs in seinem magen./
da begunde der kûnig tragen.
Ein hart/ schwẻre purde.   165
wie leicht Er Jr ẚne/ wurde.
do die krẻte in dem man.
gros/ wachsen began.
da geleichet Er einem/ weÿbe.

ders sider hêre überquan.   135
der was ein harte übel man,
wan erz allez volbrâhte,
daz im daz herze erdâhte,
ez waere übel oder guot.
swaz im geriet sîn üppec muot,   140
desn mohte in niht erwenden,
ern müese ez mit werken enden.
er liez sich handeln alse ein wîp
unt hâte ouch man vür wîbes lîp.
vernemet wie er einen tac   145
allez denkende lac,
wie einem wîbe waere,
diu trüege unt kint gebaere;
des wunderte in sêre.
dô sande der künic Nêre   150
einen boten drâte
nâch sînem arzâte.
er sprach: ,mit welhen sachen
wilt dû an mir gemachen,
daz ich kint gewinne?   155
nû kêre dîne sinne
dar an (des wirt dir michel nôt),
oder dû muost kiesen den tôt.'
    Des antwurte im der arzât:
,des wirt harte guot rât,   160
ich verende al dîne bete'
unt gap im ein pollier, daz ein krete
inne wuohs in sînem magen.
dô begunde der künec tragen
ein bürde harte swaere,   165
swie lîhte er ir âne waere.
dô diu krete sider in dem man
grôze wahsen began,
dô gelîchte er einem wîbe

vornnen an dem leibe. 170
do geraw/ jn alle stunde.
daz ers ÿe begunde.
Er/ forchte das vngemach.
Zu dem Artzet/ Er do sprach.
daz Er dem kinde werete./ 175
Vnd jn von der suchte nerete.
da thet Er/ als jm was.
Vnd half jm daz Er genas./
vnd wol dauon kom.
Nere was/ ein gros man. 180
mit michelm gepaine.
[2ᵛc] vnd sein Mùter klaine./
   Do wundert jn alle zeit.
wo/ in jr die stat so weÿt.
an dhei-/nem ennde wère. 185
daraus/ Sÿ jn gepàre.
des wolt Er/ nicht erwinden.
er mùst aùch das/ eruinden.
vnd hÿss Sÿ ze schneiden./
das mùst Sÿ leyden. 190
durch sein bòesen/ geluste.
Er sach vnnder die pruste./
vnd allen den leÿb hin ze tal.
der wun-/der ane zal.
der künig maniges begieng./ 195
Vernemet wie Er anfieng.
daz Er Ro-/me zerbrach.
man sagt jm was da/ vor geschach.
Ze Troÿe da man die/ gewan.
da besanndte Er alle seine man./ 200
den klaget Er seine mère.
mir haben/ die Ròmàre.
so uil ze layd getan.
daz/ ich nit wol mag gelan.

vornen an dem libe.   170
dô gerou in alle stunde,
daz er es ie begunde,
er vorhte im daz ungemach.
zuo dem arzâte er dô sprach,
daz er dem kinde werte   175
unde in vor sühte nerte.
dô tete er alse im geboten was,
unt half im, daz er genas
unde wol dar abe quan.

   Nêre was lîbes grôz ein man   180
mit michelem gebeine,
unt sîn muoter kleine.
dô wunderte in alle zît,
wâ in ir diu stat sô wît
an deheinem ende waere,   185
dar ûz sî in gebaere:
des wolde er niht erwinden,
ern müese ouch daz ervinden,
unt hiez sie zesnîden.
daz muose sî erlîden   190
durch sîn boese gelüste.
er sach under die brüste
unde al den lîp hin ze tal.
der wunder warte er âne zal.

   Der künec manec mein begienc: 195
vernemet wie erz ane vienc,
daz er Rôme zerbrach.
man sagete im, waz dâ vor geschach
ze Troie, dô man die gewan.
dô besande er alle sîne man,   200
den klagete er sîne swaere:
,mir hânt ie Rômaere
sô vil ze leide getân,
daz ich niht wol mac gelân,

Jch schaffe daz/ Sy můessen.   205
mir mit schaden pủessen/
Wer hilffet rechen mein layd.
jch gẻbe jm/ sicherhait.
daz Jch jn endelich.
gewaltig-/ vnd reiche.   210
machen wil Ee ich erwinde./
da hủb sich sein gesinde.
an die herren/ von der stat.
als Sy der kủnig bat.
einen/ streÿt grossen.   215
da hiess Er ane stossen./
das fewr an manige strassen.
die grosse/ eben von massen.
begieng Er daz Er ge-/sahe.
was zu Troÿe geschahe./   220
   Rome ward wủest durch not./
die frummen lagen alle/ todt.
die baidenthalben/ waren.
das noch an taủ-/sent jaren.
gewachset mir lannde./   225
so manig man on schande.
als es an den/ zeiten was.
noch gesihet man manig/ Palas.
Ze Rome nÿmmer dhainen/ man.
ganntz also verprann.   230
do mủst/ Ritterschaft farn.
von Rome wann Sÿ/ was Arm.
leÿbes vnd des gủtes.
vnd/ ward jrs hohen mủtes.
beraubet als/ ein waÿse.   235
von der grossen fraÿse./
   Mit Jamerlichen dingen
kam/ Sÿ ze karlingen.
vnd was/ da lanng nothafft.

ich enschaffe, daz sie müezen 205
mir mînen schaden büezen.
swer hilfet rechen mîniu leit,
ich gibe im des mîn sicherheit,
daz ich in endelîche
gewaltec unde rîche 210
wil tuon, ê ich erwinde'.
dô huop sîn gesinde
an die hêrren von der stat,
alse sie der künec bat,
einen strît grôzen. 215
dô hiez er ane stôzen
viure an manege strâze.
die grôzen unmâze
begienc er, daz er saehe,
waz ze Troie geschaehe. 220
Rôme wart wüeste durch die nôt.
die vrumen lâgen alle tôt,
die beidenthalben wâren,
daz niht in tûsent jâren
enwuohs in ir lande 225
sô manec mein noch schande,
als ez an den zîten was.
noch gesiht man manec palas
wüeste: newan durch einen man
Rôme alsô garwe verbran. 230
    Dô muose ritterschaft varn
von Rôme, wan sî was arn
lîbes unde des guotes,
unt wart ir hôhes muotes
beroubet als ein weise 235
von der grôzen vreise.
mit jâmerlîchen dingen
quam sî ze Kerlingen
unt was dâ lange nôthaft,

Bis/ aber Karl seÿder mit kraft./   240
begůnde bezwingen die lanndt.
Olofer/ vnd Růlandt.
die kuren Sÿ ze gellen./
durch jr baldes ellen.
vnd phlagen Rit-/terliche.   245
des ward jr lob vil reiche.
do/ das Lanndtuolck gesahe.
welich Eere/ disen zwaÿen geschahe.
do taten Sÿ auch/ nach jn.
sůnst hůb sich jr aller gewin./   250
   Es stet kein lanndt bas.
ze/ freůden da ÿeman gesass./
danne karlingen tůt.
Wañ/ die ist jr Ritterschafft gůt./
So ist da wert vnd bekant.   255
sich hat/ seyder manig ander lant.
gepessert/ durch jr lere.
an Ritterschafft sere.
Sÿ/ dienent hart schone.
den frawen da nach/ lone.   260
Wann da lonet man jn bas da./
dann nÿnndert anderswa./
   Da was ein Ritter des ist nit/ lang.
der keerte allen seinen/ gedanck.
an einer fraŵen/ mynne.   265
vnd rieten Jm die synne.
daz/ Er diente ze aller stůnd.
der Grauine/ von Beamůnt.
wann Er kain werdere [3ᵉa] fanndt.
Mauritius ist Er genant./   270
der lob nye von jm gelies.
Krawn sein/ haws hiess.
der was dienstes berait./
vil manigen tag mit stětikait.

biz sider Karle mit kraft 240
begunde twingen diu lant.
Olivier unt Ruolant
die kurn sie ze gellen
durch ir baldez ellen
unt pflâgen ir ritterlîche. 245
des wart ir lop vil rîche.
dô daz lantvolc gesach,
welch êre disen zwein geschach,
dô tâten sie ez ouch nâch in.
sus huop sich aller ir gewin. 250
ezn stuont dehein lant ie baz
ze vröuden, swâ man gesaz,
danne Kerlingen tuot.
wan diu ir ritterschaft ist guot:
sî ist dâ wert unt bekant 255
(sich hât sît manec ander lant
gebezzert durch ir lêre
an ritterschefte sêre);
sie dienent harte schône
den vrouwen dâ nâch lône, 260
wan man baz in lônet dâ
danne in der werlde anderswâ.
    Dâ was ein ritter, deist niht lanc,
der kêrte allen sîn gedanc
an einer vrouwen minne, 265
unt rieten im die sinne,
daz er diende zaller stunt
der graevinne von Bêamunt,
wan er deheine werder vant.
Maurîcius ist er genant, 270
der lop nie von im geliez,
Craûn man sîn hûs hiez.
der was dienstes bereit
vil manegen tac mit staetekeit:

Tur/nieren vnd geben. 275
was alles sein leben./
on lon vor allen dingen.
Wenn Er zu/ Çarlingen.
Turnieren in die Marke/kan.
do was wederthalb nÿeman. 280
des/ leibes bas tette.
vnd des dicker preÿss/ hette.
Er was schőn vnd wolgezogen./
vnd aller ding vnbetrogen.
hűpsch/ vnd weÿse. 285
vmb des stűnd Er ze preÿse./
vnd műsse wolgeuallen.
durch recht/ den leűten allen./
    Do sein ding so wol stuend./
do tet Er als dick thűend./ 290
werde leűt wolgeműt./
die mÿnnent vnd nemen/ vergűt.
was jm dauon widerfert./
das ist aber denn Jr werdt.
wer stětti-/klichen mÿnnet. 295
Vil der gewinnet./
beide schaden vnd arbait.
hilffet aber/ jm sein stěttikait.
daz Er lones wirt/ gewert.
ob Ers mit trewen hat begert./ 300
so wirt es alles gűt rat.
was Er dar-/uor erliten hat.
das ist im sűss vnd/ gűt.
wann Jm vil selten wee thűt.
die/ rue daz ers ye began. 305
wann Er wirt/lones reiche man./
    Nu sprichet maniger hiebeÿ./
was lebendigs auf der erde/ seÿ.
das seÿ wilde oder zam./

turnieren unde geben 275
was im allez sîn leben,
an lôn was al sîn dingen.
swenne er ze Kerlingen
turnieren in die Marke quan,
dô'n was wederthalp nie man, 280
des lîp ez baz taete
unde dicker prîs haete.
er was schoene unt wol gezogen
unde aller sinne unbetrogen,
hövesch unde wîse. 285
des stuont er ze prîse
unt muose wol gevallen
durch reht den liuten allen.

   Sît sîn dinc sô wol stuont,
dô tete er niht als dicke tuont 290
werde liute wolgemuot,
die minnent unt nement vür guot,
swaz in dâ von widervert.
des ist abe er unerwert
swer staeteclîchen minnet, 295
vil dicke der gewinnet
beide schaden unde arbeit!
hilft aber im sîn staetekeit,
daz er lônes wirt gewert,
obe ers mit trouwen hât gegert, 300
sô wirt des alles guot rât,
swaz er dâ vor erliten hât,
daz ist im süeze unde guot,
wan im vil selten wê getuot
diu rouwe, daz ers ie began, 305
unde er wirt lônes rîch ein man.

   Nû sprichet manec man hie bî,
swaz lebendes ûf der erde sî,
ez sî wilde oder zam,

das mûsse sein gehorsam./   310
dem man vnd liste.
das maynet auch/ ich Ee ich wiste.
daz des nicht wol sein/ mag.
Mÿnne zwinget sonnder slag./
Einem man noch bas an stat.   315
denn/ ein kaÿser tat.
Also zwang auch disñ/ man ein wan.
daz Er mûst tûn vnd/ lan.
was jm die mÿnne gepot.
ES/ ware gemach oder not./   320
    Wer die mÿnne recht erken-/net.
der waÿs wol daz Sÿ/ prennet.
das hertze in dem/ plûte.
dem ist not der hû-/te.
wie Er sich vor schaden beware.   325
waz/ Jm schaden widerfare.
des lass Er jm/sein als ein hare.
Jr solt wissen das/ fûrware.
daz man mag vil selten.
mit sparen Eere gelten.   330
wann des mû-/te nÿeman der nu lebe.
Schad ist mÿn-/ne Ratgebe.
daz Er on schaden mÿnne./
Es sein vil gûte sÿnne.
Wer sich an/ mÿnn wendet.   335
ob Er sein ding verendet./
daz es jm Irr gee ze haÿle.
der fûere stêt/ vaÿle.
bis Er Sÿ dartzû bringe.
daz Jm/ von jr gelinge./   340
    WEr mÿnnet vnd mÿnne/ hat.
dem wil ich geben ein/ rat.
daz Er vnstête fliehe./
vnd sich an stêtte ziehe.

daz müeze sîn gehôrsam
dem man unt sîme liste. 311

Minne twinget sunder vriste 314
den man noch baz an staete,
danne ein keiser tacte.
alse twanc ouch disen man ein wân,
daz er muose tuon unde lân
swaz im Minne gebôt,
ez waere gemach oder nôt. 320
   Swer Minne rehte erkennet,
der weiz wol, daz sî brennet
daz herze in ir gluote.
dem ist nôt der huote,
wie er sich vor schanden beware. 325
swaz im schaden widervare,
daz lâze er im sîn alse ein hâr.
ir sult wizzen daz vür wâr,
daz man mac vil selten
mit sparn êre gelten: 330
wan des muote niemen der nû lebe
(Schade ist Minne râtgebe),
daz er âne schaden minne,
ez ensîn im guote sinne.
swer sich an Minne wendet, 335
obe er sîn dinc verendet,
daz ez im ergê ze heile,
der vüere staete veile,
biz er sie dar zuo bringe,
daz im bî ir wol gelinge. 340
   Swer minnet unde sinne hât,
dem wil ich geben einen rât,
daz er unstaete vliehe
unt sich an staete ziehe:

so/ beladet Er sich vast.   345
mit einem sůessñ/ last.
vnd endet alles das er wil.
vnstêt/ ist in der welt vil.
Wem die beginnet/ lieben.
den geleich jch den dieben.   350
als/ man dann einen hengket.
der anders/ nicht gedencket.
daz Er durch das lasse/
sein Stelen oder masse.
wie dicke ein [3ʳb] vnsteter siecht.   355
Daz eim stêtem wol/geschicht.
es ist jm als in daz Mer ein/ slag.
wann es jm nicht lieber wesen/ mag./
    Ich möchte Ew vil hinab sagen.
Ich/ můs ein annder ding klagen.   360
Ein/ fewr in der welt fert.
die gůte mÿnn/ vil verhert.
das ist ein schad an Eere./
nu bittet daz Sÿ bekere.
dauon vnnser/ haÿlant.   365
Ich sag Euch wie Sÿ sint/ genant.
Vppig vnd jrre.
daz Sÿ got den/ gůten fůere.
wann sy verderbent sich/ damit.
fůr die pôesen ich nichts pitt./   370
die tůn als Jr Recht seÿ.
wer jn ist durch/ vnstete beÿ.
die heÿss ich nîcht vnreine/
Sÿ sint aber noch bas gemeine.
vnd/ vppiger alle zeit.   375
wann Sy nÿmmet/vnd ergeit.
Ich têtte auch durch miete./
daz mir nÿeman geriete.
solt ich dar-/umb geben gůt.

sô beledet er sich vaste 345
mit einem süezen laste
unde endet allez, daz er wil.
unstaete ist in der werlde vil;
swem diu beginnet lieben,
den gelîche ich den dieben: 350
als man den einen henket,
der ander niht gedenket,
daz er durch daz lâze
sîn steln oder mâze.

swie dicke ein unstaeter siht, 355
daz eime staetem wol geschiht,
ez ist im alse in daz mer ein slac;
wan im staete niht lieben mac.

  Ich möhte iu vil hie abe sagen:
ich muoz ein ander dinc klagen. 360
ein vuore in der werlde vert,
diu guoter minner vil verhert:
daz ist ein schande âne êre.
nû biten daz sie bekêre
dâ von unser heilant. 365
ich sage iu, wie sie sint genant:
Üppec unde Irre.
daz sie got den guoten virre!
wan sie verderbent sich dâ mite.
vür die boesen ich niht bite; 370
die tuon alse ir reht sî!
swer in ist durch unstaete bî,
die heize ich wiht unreine.
sie sint aber noch baz gemeine
unde üppiger alle zît, 375
wâ sî nimet unde er gît.
ich taete niht durch miete,
daz mir nie man geriete,
solde ich dar umbe geben guot.

dasselb auch ein weib/ tût.   380
Sŷ machet notdûrfft bald.
so ist/ Jr laster zwiualt.
der mit gûete last-/er giltet.
disen marck maniger schiltet./
das ist recht wann es ist myssetat./   385
wer Eere durch geluste hat./
   Maniger man hat solhen si-/te.
Ee Er durch ein gût/ weŷb lite.
ainicherlaŷ/ schwêre.
daz Er Sŷ alle/ verbâre.   390
derselbig ist on synn.
vnd/ hat verlust fûr gewin.
Jch zalte/ zu gewŷnne.
wenn ich vorderliche/ mynne.
von dienste oder Er durch/mein haŷl.   395
Er wurbe recht lones tail./
dasselb sprich ich an mich.
vil tugent-/lich kûnde ich.
Her Mauritius/bewaren.
durch das mûs jm wider-/farn.   400
Eere von gûten weŷben.
beŷ den/ wolt Er beleiben./
   Der bôsen lone ist klaine./
Er wellet aus allen aine./
vnd diente der vil mani-/gen tag.   405
wer dienet vnd/ gedienen mag.
der diene so es tûge./
vnd da man jm gelonen mûge.
all/ sôlhe lone geben bôse weŷb.
Sy machent/ Seel vnd leŷb.   410
den mannen vil dicke/ vnmâre.
vnd maniger freûden lâre./
die gûten geben hohen mût.
Jr lon ist/ Eer vnd gût.

daz selbe ouch ein wîp tuot: 380
nôtdurft sie machet balt.
sô ist des laster zwîvalt,
der mit guote laster giltet.
disen market maneger schiltet;
deist reht, wan ez ist missetât, 385
swer êre durch gelüste lât.
Maneger man hât solichen site,
ê daz er durch ein guot wîp lite
deheiner leie swaere,
daz er sie alle verbaere. 390
der selbe man ist âne sin
unt hât verlust vür gewin.
ich zaldez ze gewinne,
swenne an vorderlîche minne
ich von dienste durch mîn heil 395
würbe êre oder lônes teil.
daz selbe reht spriche ich an mich.
Vil tugentlîche kunde sich
her Maurîcius bewarn.
durch daz muose im widervarn 400
êre von guoten wîben;
bî den wolde er belîben.
der boesen lôn ist kleine.
er welte ûz allen eine
unde diende der vil manegen tac. 405
swer dienet und gedienen mac,
der diene sô ez im beste tüge
unde dâ man im gelônen müge.
swaz lônes geben boesiu wîp,
sie machent sêle unde lîp 410
den mannen dicke unmaere
unt maneger vröuden laere.
diu guoten gebent hôhen muot:
ir lôn ist êre umbe guot.

der sol zerechte ein selig/man.   **415**

dienen der es getûn kan./

  Herr Mauritius der gute/state.

was der gedienet/ hate.

seiner frawen zu/ allenntzeiten.

doch mûst/ Er lones peyten.   **420**

von Jr v̂ntz an die/ stunde.

daz Er zweÿfl begunde.

da/ ward sein freûd klaine.

Er lag eines/ nachtes aine.

vnd gedachte an sein/ arbait.   **425**

Er sprach also mir ist laid./

daz Jch ye ward geporn.

sol jch gar/ haben verloren.

mein gedinge so ich/ ye hate.

Sy lonet mir zu spate.   **430**

der/ Jch vil gedienet han.

die wils nit/ vergût han.

des mag jch nÿmmer/ werden fro.

also sprach Er aber do./

Ich bin des nit wol bedacht.   **435**

dienst/ hat mein lob bracht.

von lannd ze[3ᵗc] lannde.

Da man mich fûr gût er-/kannde.

sûnst lonet mir die frawe/ mein.

was lone mocht besser sein.   **440**

auch/ mûst ich kumber leÿden.

wie mocht/ ich das vermeiden.

Dann wer nach/ Eeren wil streben.

Er mag gemach/ aufgeben./

  Doch sol ein man gedencken./   **445**

ob Er sorgen wil entweckñ./

wie kumberlich es vmb jn/ stat.

es wirt noch alles gût/ rat.

der gedanck ist vor schwåre.

den sal ze rehte ein saelec man 415
dienen, der gedienen kan.
Her Maurîcius der staete,
swaz der gedienet haete
sîner vrouwen zallen zîten,
doch muose er lônes bîten 420
von ir unz an die stunde,
dô er zwîvels begunde.
des wart sîn vröude kleine.
er lac eins nahtes eine
unt gedâhte an sîne arbeit. 425
er sprach alsô: ,mir ist leit,
daz ich zer werlde ie wart geborn;
sal ich garwe hân verlorn
mîn gedinge, sô ich ie hâte?
sî lônet mir ze spâte, 430
der ich sô vil gedienet hân,
diu wil es niht vür guot empfân.
des mac ich nimmer werden vrô.'
alsô sprach er aber dô:
,ich bin des niht wol bedâht. 435
dienest hât mîn lop brâht
von lande ze lande,
daz man mich vür guot erkande,
sus lônet mir diu vrouwe mîn.
waz lône möhte bezzer sîn? – 440
ouch muose ich kumber lîden:
wie mohte ich daz vermîden?
wan swer nâch êren wil streben,
er muoz gemaches sich begeben. –
doch sal ein man gedenken, 445
ob er sorgen wil entwenken:
swie kumberlîche ez umbe in stât,
es wirt noch alles guot rât.
der gedanc ist vor swaere

der/peste schermåre.   450

es scheinet wol daz Jch/ thůmb bin.

mein zeit geet hin on sŷn./

Got waÿss wol daz nieman wardt./

so sere geharmschart.

als ich bin vnd/ sag Ew wie.   455

Jch mÿnnet stettiklichen/ nye.

die mich dawider vehet.

jch han/ Jr vil geflehet.

so vind ich nicht wann/ droen.

wie môchte ich mich jr frewen./   460

seÿdt jch die not vor mir wayss.

daz ich/ weder lon noch gehaÿss.

nÿmmer vinde/ von jr.

durch die ich alle weib verbir./

Ich diene vnd wirbe.   465

bis jch gar verdirbe./

daz ist ein kumberliche not.

mir tèt/ bas ein sanffter todt.

denn Jch sůnst / gepunden mûsse wesen.

Sÿ ist von der/ ich mûs genesen.   470

oder lones siech belei-/ben.

on Sy von allen weiben./

   Er dachte sunst an sein klag./

was hilffet daz Jch ymmer/ trag.

so vngefûegen kumb-/er.   475

Jch bin dester tůmber./

Wer sich aber sorg hat gewenet.

Es ge-/wiret nicht ob Er sich senet.

dasselb ist/ auch mir geschehen.

Jch mûs von war-/hait jehen.   480

daz mein hertze was ye vmb/ das.

sorgen ein wolgefûllet vas.

vnd/ mir laÿde nÿe geprast.

freůde war mir/ ein gast.

der beste schirmaere. –   450
ez schînet wol, deich tump bin.
mîn zît gât hin âne sin.
got weiz wol, daz nieman wart
sô sêre geharmschart
alse ich bin, unt sage iu wie.   455
ich minnete staeteclîchen ie,
diu mich dâ wider vêhet.
ich hân ir vil gevlêhet:
sô vinde ich niht wan drouwen.
wie möhte ich mich ir vrouwen,   460
sît ich die nôt vor mir weiz,
deich weder lôn noch geheiz
nimmer vinde von ir,
durch die ich elliu wîp verbir?
ich diene unde wirbe,   465
unz ich gar verdirbe:
daz ist ein kumberlîchiu nôt.
mir taete baz ein senfter tôt,
danne ich sus gebunden müese wesen.
sî ist, von der ich muoz genesen   470
oder lônes siech belîben
âne sie von allen wîben.‘
    Er dâhte sus an sîne klage:
‚waz hilfet, daz ich immer trage
sô ungevüegen kumber?   475
ich bin deste tumber.
swer sich aber sorge hât gewenet,
ez gewirret niht, obe er sich senet.
daz selbe ist ouch mir geschehen.
ich muoz von wârheite jehen,   480

mein hertze ist freůd noch/ maget. 485
wann daz mir dick vor ist ge-/saget.
was die leůte an freůd bråchte./
wann ich daran gedẻchte.
so het ich/ gern alsam getan.
meiner sorg der ich/ tausent han. 490
der machet aus ainer/ ye ditz ding.
Ein paÿrischen schilling./
wie mồcht jch mich der gar erweren./
mein fraw welle mich erneren.
Es ist/ Jr misswende. 495
Gibt Sÿ mir nicht ein/ ennde.
so wil ich aber Jr geben.
vmb den/ todt mein leben.
auch wil ich Ee versůch-/en.
es Sÿ welle gerůchen. 500
daz ich ÿmmer/ werde erlồest.
getrồst mich Jr sůsser/ troest.
so wẻr jch endeleiche.
ymmerfro/ vnd reiche.
nu mues ich mich versehen./ 505
als mir ist Ee geschehen.
geleb ich ymm-/er den tag.
daz ich wider Sÿ gesprechen/ mag.
daz mir min dienst giltet zins./
herten zorn als ein flÿns. 510
des hat mein/ gelůcke.
wider Sÿ můelich důcke.
ditz/ ist ein vngelaube.
daz Jch mich trostes/ rawbe.
vnd vil vnweÿser Rat. 515
daz Jch/ gelucke missetat.
Zeyhen daz ich noch/ vor mir han.
hette haÿl bas zu mir/ getan.
so het es halbes mich vermiten./

mîn herze ist vröude noch maget, 485
wan daz mir dicke ist vor gesaget,
waz die liute an vröude brâhte.
swenne ich dar an gedâhte,
sô haete ich gerne alsam getân.
mîner sorgen, der ich tûsent hân, 490

wie möhte ich mich der gar erwern,
mîn vrouwe enwelle mich ernern?
ez ist ir missewende, 495
gît sî mir niht ein ende;
sô enwil ich aber ir geben
umbe seneden tôt mîn leben. –
ouch wil ich ê versuochen,
ob sî welle geruochen, 500
daz ich kumbers werde erlôst.
getrôste mich ir süezer trôst,
sô waere ich endelîche
immer vrô unt rîche. –
nû muoz ich eines mich versehen, 505
alse mir ist ê geschehen
– gelebe ich immer mê den tac
daz ich wider sie gesprechen mac –,
daz vür mîn dienst gilt zornes zins
ir herze herte alse ein vlins. 510
des hât mîn gelücke
wider sie müelîche tücke. –
ditz ist ein ungeloube,
daz ich mich trôstes roube,
unde ein vil unwîser rât, 515
daz ich gelücke missetât
zîhe, deich noch vor mir hân.
haete heil baz ze mir getân,
sô haete ez halbez mich vermiten,

das ich sůnst gar han erliten. 520
Sy be-/dencket sich villeichte bas.
Owe mocht/ Jch wissen das.
něm Ee danne Jr war./
[3ᵛa] auf disen zweifl kam Er dar./
 Als schier er Sŷ ane sach./ 525
vernemet wie jm da ge-/schach.
an seiner varbe/ forchte.
auch plaiche rote/worchte.
vnd vergieng aber die gar.
hart misseliche far. 530
wart Er ee Er/ fůnde.
kein wort Er kunde.
gesprechñ/ klain oder gros.
daz es die frawen ver-/dros.
Sy sprach wie gehabt jr Euch so./ 535
frawe ich bin vnfro.
warumb sůlt/ Jrs nit sagen.
fraw ich můs vertra-/gen.
Sprechet was ist Ew getan.
Fraů/ sol ich vrlaub han. 540
Ja sprechet was/ Euch seÿ
fraw ich bin selden freÿ.
das/ mag Euch vil laydt sin.
Es ist auch/ fraw kůnigin.
gewirret Euch aber/ icht me. 545
ja fraw mir ist wee.
wo al-/lenthalben.
so solt jr Euch salben.
Jch/ mag noch kan.
nu seÿt jr doch ein star-/cher man. 550
fraw mein krafft ist zer-/gan.
wellet jr meinen rat han.
Ja/ fraw gerne.
so komet zu Salerne./

daz ich sus garwe hân erliten. 520
sî bedenket sich vil lîhte baz.
ôwê, möhte ich wizzen daz,
ê danne ich ir naeme war!'
    Ûf disen zwîvel quam er dar.
als schiere er sie ane sach, 525
vernemet, wie im dô geschach.
an sîner varwe vorhte
ûz bleiche roete worhte,
unt vergienc diu aber gar.
harte misselîche var 530
wart er, ê er vunde
dehein wort er kunde
gesprechen kleine oder grôz,
daz es die vrouwen verdrôz.
sî sprach: ‚wie gehabet ir iuch sô?' 535
‚vrouwe, ich bin unvrô.'
‚war umbe? sult ir mir niht sagen?'
‚vrouwe, ich muoz ez vertragen.'
‚sprechet, waz ist iu getân?'
‚vrouwe, sal ich urloup hân?' 540
‚jâ, sprechet waz iu sî.'
‚vrouwe, ich bin saelden frî.'
‚daz mac iu vil leit sîn.'
‚ez ist ouch, küniginne mîn.'
‚gewirret iu aber iht anders mê?' 545
‚jâ, vrouwe, mir ist wê.'
‚wâ?' ‚allenthalben.'
‚sô sult ir iuch salben.'
‚ich enmac noch enkan.'
‚nû sît ir doch ein starker man.' 550
‚vrouwe, mîn kraft diu ist zergân.'
‚welt ir mînen rât hân?'
‚jâ, vrouwe, gerne.'
‚sô kêret ze Salerne!

sol Ewr ymmer werden Rat. 555
da ist/ so maniger Artzat.
Sy nerent Euch/ solt Jr genesen.
des mugt jr wol sich-/er wesen./
   Fraw lat disen streit.
des/ ist mir not vnd an der/ zeit. 560
Jr wisset daz ich bin./
von Ewrn schulden one/ sÿnn.
vnd raubet mich darnach./
an meiner freůde das ist ein slag./
den ich vil dick schaẘe. 565
meines haÿ-/les frawe.
genadet mir des ist mir/ not.
oder ich můs kyesen den todt.
Jch/ wil von Ew zu lone han.
den todt oder/ gewissen wan. 570
also bin jch heerkum-/en.
nu het ich gern vernumen.
wo/ ich hin solt varn.
aus der massen/reiche oder arn./
   Do sprach die fraw wider/ jn. 575
Jch nit die schuldige/ bin.
so wil ich mich schul-/dig geben.
Jr habt mir al-/les Ewr leben.
gedienet wol vnd also/vil.
daz ich Euchs gerne lonen wil./ 580
Ee dann ich langer wěre.
Ewrs haÿles/ kamerere.
so wisset daz ich tětte.
des/ ich ymmer schaden hette.
das ist mein/will manigen tag. 585
Jch wil Euch lonen/als ich mag.
durch gůte miete liebe.
wirt stětter man ze diebe.
also můs/ Jch ymmermere.

sal iuwer immer werden rât,   555
dâ ist sô maneger arzât,
sie nernt iuch, sult ir genesen;
des müget ir wol sicher wesen.'
    ,Vrouwe, lâzet disen strît!
des ist mir nôt unde an der zît.   560
ir wizzet lîhte, daz ich bin
von iuwern schulden âne sin,
unde roubet mich dar nâch
mîner vröude: deist ein schâch,
den ich unwillec schouwe.   565
mînes heiles vrouwe,
genâdet mir (des ist mir nôt),
oder ich muoz kiesen den tôt.
ich wil von iu ze lône hân
den tôt oder gewissen wân,   570
alsô bin ich her bekomen.
nû haete ich gerne vernomen,
wie ich hinnen solde varn:
ûz der mâzen rîche ode arn?'
    Dô sprach diu vrouwe wider in: 575
,swie ich niht diu schuldege bin,
sô wil ich doch mich schuldec geben.
ir hât mir allez iuwer leben
gedienet wol unde alsô vil,
daz ich ius gerne lônen wil.   580
ê danne ich langer waere
iuwers heiles kameraere,
sô wizzet, daz ich taete,
des ich immer schaden haete.
daz ist mîn wille manegen tac: 585
ich wil iu lônen alse ich mac.
durch guoter miete liebe
wirt staeter man ze diebe.
durch dienst ich iemer mêre

durch dienstes wagñ/ sere. 590
des mag kain rat sein.
du bist mein/ vnd ich dein.
sprach die Grauinne./
durch geselikliche mÿnne.
so thue ein/ ding durch mich. 595
jch verdiene es ÿm-/mer vmb dich./
   Er erbeitet kawm wes Sÿ/ pat.
in einen Turneÿ fûr die Stat.
daz ich den eine hie/ gesehe.
nu fûege daz es also/ geschehe. 600
wann ich gesach kainen nÿe./
wiss auch du mein ritter hie.
Ich wil/ dir lonen ob ich kan.
da ward Er ein/ fro man.
Ein vingerlein kleine. 605
mit/ einem gûten steine.
zoch Sÿ ab der [3ᵛb] Hanndt daz nÿemandt sach.
Herr/ Mauritien sûess stach.
an sein vin-/ger einen.
die fraw solte meinen. 610
daz/ Sÿ jn zeichnete miete.
nach geselli/kliches weibes site.
Vrlaub nam Er/ ze stund.
Sy kust jn an seinen mûnd./
Vnd hiess jn got empholhen farn. 615
auf-/hûb Sÿ jr saubere Arn.
mit grosser/ lieb Sy jn vmbfie.
von der freûd an Jm/ zergie.
beÿde sorg vnd arbait.
vnd waz/ Er ye durch Sy erlait./ 620
   Mein herr Mauritius von/ Eraûn.
gewan manigen/ Garsaûn.
die disen Tur-/naÿ serieten.
in den landñ/ weiten.

muoz wâgen mîne êre,   590
des mac dehein rât sîn:
dû bist mîn unde ich dîn'
(sprach diu graevinne);
,durch geselleclîche minne
alsô tuo ein dinc durch mich: 595
ich verdiene ez immer umbe dich.'
   Er erbeite kûme, wes sî bat:
,nim einen turnei vür die stat,
daz ich den eines hie gesehe.
nû vüege, dazz alsâ geschehe,   600
wan ich gesach deheinen nie.
wis ouch dû mîn ritter hie;
ich wil dir lônen, ob ich kan.'
dô wart er ein vrô man.
ein vingerlîn kleine   605
mit einem guoten steine
zôchs abe der hant, dazz niemen sach;
hern Maurîcien sî ez stach
an sîn vinger einen.
diu vrouwe wolde meinen,   610
daz sî in zeichende dâ mite
nach geselleclîches wîbes site.
   urloup nam er sâ zestunt.
sî kuste in an sînen munt
unt hiez in gote empfolhen varn.   615
ûf huop sî ir sûbern arn,
vil minneclîche in umbevienc.
von ir liebe an im zergienc
beide sorge und arbeit
unt swaz er ie durch sie erleit.   620
   Mîn her Maurîcius von Craûn
gewan im manegen garzûn,
die disen turnei schrîten
in den landen wîten.

Nu saget ich Eůch künde ich/   625
wie Er bereit sich.
Er hiess ein Schef/ machen.
von wunderlichen sachen./
das solt geen one were.
vber veld als/ auf einem mere.   630
das wardt durch/ wunder getan.
des Scheffes maister/mŭst han.
vil gros gůt vnd weÿshait /
Es wurde berait./
   Uernemet in welher achte./   635
Er das Schef machte.
künde/ ich Euchs gesagen.
Ein ge-/stelle das was ein wagen./
leichte getremet.
vnd als ein Schef/ geschremet.   640
das zu Cŏlne solt fliessñ/
pawen vnd beschĩessen.
hiess es der/ maister zehant.
all vmb an ÿetweder/ wandt.
da bort man dannoch.   645
durch die půne manig loch.
da solten Sper/ ynne steen.
als daz Schif weg wolte/ geen.
da das bereit was also.
do mach-/et Er ze hanndt. so.   650
vmb das Schef/ ein rame.
da was gestellet alsame./
mit grosser vnküste.
vnd doch auf/ ein gerüste.
daz man es aufschiebñ./   655
ab wegk solte triben./
   Heulannder Er hate.
nach/ rotem Scharlat.
einen/ karig gesandt.

künde ichz, ich iu seite,   625
wie er sich bereite.
er hiez ein schif machen
von wunderlîchen sachen,
daz solde gân âne were
über velt alse ûfem mere.   630
daz wart durch wunder getân.
des schiffes meister muose hân
vil grôzen vlîz unt wîsheit,
ê ez würde gar bereit.
vernemet in welher ahte   635
er daz schif erdâhte.
(künde ich iuz rehte gesagen!)
sîn gestelle was ein wagen,
lîhte getraemet
unde alse ein schif geschraemet,   640
daz ze Kölne solde vliezen.
bünen unt beschiezen
hiez ez der meister zehant.
alumbe an ietweder want
ûzen borte man dâ noch   645
durch die büne manec loch,
dâ solden sper inne stân.
daz daz schif ze wege mohte gân,   648

dô machte er darumbe ein rame;   650

dar ûf was ez gestellet same   652
ein bû mit grôzer küste
hôch ûf ein gerüste,
daz man ez ûf schîben   655
abe wege solde trîben.
ze Vlandern er hâte
nâch rôtem scharlâte
einen karrich gesant,

daz man/ die aussern wandt. 660
alle-/sambt enmitten befie.
der maister / darumbe gie.
Vnd slůg es an die/ spangen.
mit gůten nageln langñ./
die warn alle Silberweÿs. 665
Er kerete/ allen seinen vleis.
an disen Tůechen/ kiel.
daz es den leuten wol geuiel.
Zu/ dem Schiffe gehöret maniger nagl.
Er hiess den Grans. vnd den zagl./ 670
beslahen vil vaste.
vnd sandt nach/ maste.
aufhůb Er Jn ze handt.
das/ Mere Růder Er anepant.
das was/ als das Schif getan. 675
Er wolt gerait-/schaffte han.
Zu seinem Scheffe/ noch me.
dann Er wolte farn ůber/ See.
das was ein wunderlich ding./
sein Angker warn messing. 680
darumb/ Saÿl von seÿden.
das mochte wol/ vermeiden.
Es was ein ůpiger scha-/de.
Es stuend an trucknem gestade./
die ditz Schÿf gesahen. 685
Verre vnnd/ nahen.
die sprachen was sol das/ sein.
hieÿnn ist das masse noch/ der Reÿn.
mit wiegetanen dingen./
wil Ers von hynnen bringenn./ 690
[3ᵛc] Es ist gar ein verloren gůt.
Er vorch-/te nit die Sÿnflucht.
vnd welle darÿn/ genesen.
was mag es annders wesen./

dâ man die ûzeren want   660
allez samet mite bevienc.
der meister dar umbe gienc
unt sluoc ez an die spangen
mit guoten nageln langen;
die wâren alle silberwîz.   665
er kêrte allen sînen vlîz
an disen tüechenen kiel,
daz ez den liuten wol geviel.
zem schiffe hoeret maneger nagel:
er hiez den grans unde den zagel   670
mit golde beslahen vaste
ensamet dem hôhen maste.
ûf huop er in zehant.
daz mêrre ruoder er ane bant:
daz was als bî eime schiffe getân.   675
er wolde gereitschefte hân
ze sînem schiffe noch mê,
sam er varn solde über sê.
daz was ein wunderlich dinc.
sîn anker wâren messinc,   680
dar umbe seil von sîden.
daz möhte er wol vermîden:
ez was ein üppeger schade,
ez stuont an truckenem gestade.
die ditz schif gesâhen,   685
verren unde die nâhen,
die sprâchen: ,waz sal daz sîn?
hie enist diu Mase noch der Rîn!
mit wie getânen dingen
wil erz hinnen bringen?   690
ez ist gar ein verloren guot,
ern vürhte iht die sinvluot
unt welle dar inne genesen;
waz endes mac ez anders wesen?'

hinab ward ditz mâre. 695
weÿt vnd offen-/ware./
   Es nahet seiner fart.
do/ das Schef berait ward./
da was es alles sambt gar./
nach seinem waffen gefar./ 700
Matnaren vnd Stiwern.
nach sei-/nen gûten weren.
waren Sÿ alle ge-/klaidt.
wann Sÿ ain man schnaid./
nu hiess Ers auf das Schef tragen./ 705
kûnd jchs Ew recht sagen.
aller erst/ die Rûder.
vnd darnach sper ein fûder./
der waren drewhûndert.
von den/ anndern gesundert. 710
daz der kaines/ emprast.
geferbet als der mast.
an-/der. man yeglichs pant.
Ein paniere/ ze hant.
das was genûg reich. 715
dem/ Segele geleich.
das hies Er aufsteckhñ./
vnd ze gleichem streckhen.
die warn/ auch alle blanch.
ditz was ein wun-/derlicher gedanck. 720
daz Er Sÿ wolte/ durch rûm.
Eines tages gar vertûn./
   Er bracht darein mit Liste./
daz es lûtzel leûte wiste./
Ros die es ziehen soltenn./ 725
wann Sy farn wolten.
Zwischen/ tuechen vnd den tillen.
da richtet/ man sÿlen.
Vnd speyset die Ros dar-/ynn.

hie abe wart ditz maere 695
wît unde offenbaere,
ê ez nâhete sîner vart.
  Dô daz schif bereit wart,
dô wârens allesamt gar
nâch sînem wâpen gevar: 700
marnaere unde stiure,
nâch sîner govertiure
wârens alle gekleit,
sam sie in ein man versneit.
nû hiez er ûf daz schif tragen 705
(künde ich iuz rehte gesagen!)
allerêrest diu ruoder
unde dar nâch sper ein vuoder.
der wâren driu hundert
von den andern gesundert, 710
daz der keinez enbrast,
geverwet elliu sam der mast;
an der iegelîchez bant
man ein baniere dâ zehant
(daz was genuoc rîche) 715
dem segele gelîche;
diu hiez er ûf stecken
unt gelîche strecken;
diu wâren ouch elliu blanc.
ditz was ein wunderlich gedanc, 720
daz er siu wolde wan durch ruon
eines tages gar vertuon.
  Er brâhte dar în mit liste,
daz ez lützel liute wiste,
ros diu ez ziehen solden, 725
sô danne sie varn wolden.
zwischen tuochen unde den diln
dâ gerihte man die siln
unde spien diu ros dar în.

das was ein kundiger sÿn.   730
daz/ daraus nÿeman gesach.
daz da/ ynnwendig geschach.
Sÿ machtens/ also taugen.
der es sach mit den au-/gen
der schwŭere wol es wĕr ein/ trawm.   735
mitten an dem Maspaŭm./
hieng man seinen schilt an.
als/ ein Lampartischer fan.
Schain/sein Segel in das lannd.
da man/ Jn an dem mast kant./   740
   Als Er in das Schef kan./
da hiess Er den Schefmann./
alle zŭge die strassen./
durch gut geuerte lassñ./
vnd varn durch die weÿte.   745
ŭber/ Veld zu aller zeite.
da volgeten jme/ die leute.
recht als einer preüte./
Vnd sahen was da wĕre.
seine mar-/nåre.   750
die sungen vnd rŭten.
Verge-/bens Sÿ sich mŭeten.
wann es durch/ Jr rugkhen nÿe.
dester belder in gie./
also ritterliche   755
fŭr Er durch Franck-/riche.
gegen dem Turners zile.
da ko-/men leute hart vile.
Ritter vnd fraŭ-/en.
die das Schef wolten schaŭen.   760
bai-/de Grauen vnd kind.
In trib ein rech-/ter segl wint.
gegen der Burg an das/ Veld.
da slŭg man auf ein gezelt.

daz was ein kündeger sin,   730
daz dar ûzene nieman sach,
swaz dâ inne geschach:
sie tâtenz alsô tougen,
der ez saehe mit den ougen,
der swüere wol, ez waere ein troum.   735
mitten an den maspoum
hienc man sînen schilt ane;
alse ein lampartischer vane
schein sîn segel in daz lant,
daz er an dem maste wart erkant.   740
  Als er in daz schif quan,
dô hiez sie der schifman
alzoges die rehten strâzen
durch guot geverte lâzen
unt varn durch die wîte   745
über velt ze aller zîte.
dô volgeten die liute
im rehte alse einer briute
unt sâhen, waz dâ waere.
sîne marnaere   750
die sungen unde ruoten.
vergebene sie sich muoten,
wan ez durch ir rüejen nie
deste balder vürder gie.
  Alsô ritterlîche   755
vuor er durch Francrîche
gegen dem turneies zil.
dar quâmen liute harte vil,
ritter unde vrouwen,
die daz schif wolden schouwen,   760
beide grâwe unde kint.
in treip ein rehter segelwint
gegen der burc an daz velt.   *765*
dâ sluoc man ûf ein gezelt;   *766*

4*

an/ einer wise was sein habe.   765
zehannt/ gieng Er hinabe.
ⱱber einen prun-/nen der da sprang.
darnach was/ empor lang.
da komen Sÿ mit schal-/le.
aus der Stat alle.   770
vnd sahen den/ Schefman.
als ein wildes tier an./
  Sein Gezelt was harte gût/
an die winden auf den/ hût.
waren seine wappen [4ʳa] geschniten.   775
daz hette Er note vermitn/
Er mochte es mit Eeren fûeren.
mit/ hart gûten schnûern.
was es geslagñ/ auf das gras.
Ein spiegl der knopf/ was.   780
vnnder das gezeld warn geleit./
kulter lang vnd preit.
hardt wol ge-/male.
von golde hin zetale.
darauf/ sassen die geste.   785
hart vnmassen veste/
waren die nageln mit den spangen./
die wurden wol emphangen.
die ge-/ruchten des seines.
da stuend ein kopf/ vol weines.   790
lauter sam wer es ein/ wasser.
vnd schwebete darynn masser./
daz yeglicher selber tranck.
wen der/ durst dartzû zwang./
  Da was nÿeman.   795
was Spil-/man dar kan.
der Sÿ so wol/ beriete.
wann da was va-/ render diete.
in dem gezelte/ vnd daruore.

zehant gienc er dar hin abe.   765   *764*
an einer wise was sîn habe   *763*
über einem brunnen, der dâ spranc.
dar nâch was niht enbor lanc,
dô quâmen sie mit schalle
ûz der burc alle   770
unt sâhen den schifman
alse ein wildez tier an.
sîn gezelt was harte guot;
an die winden, ûf den huot
was sîn wâpen gesniten.   775
daz haete er nôte vermiten:
er mohtez mit êren vüeren.
mit harte guoten snüeren
was ez geslagen ûf daz gras.
ein spiegel der knopf was.   780
under daz gezelt geleit
wâren golter lanc unde breit,
harte wol gemâle
von guldînem zendâle.
dar ûf sâzen die geste.   785
jachante unmâzen veste
wâren genagelet an die stangen.
sie wurden wol empfangen,
die geruochtens guotes sînes.
dâ stuont ein kumpf vol wînes,   790
lûter sam ein spiegel was er
unde swebete dar inne ein maser,
daz iegelîcher selber tranc,
den der durst dar zuo twanc.
dâ enwas noch nieman,   795
swaz spilmanne dar quan,
der sie sô wol beriete.
swaz dâ was varnder diete
in dem gezelte und dâ vor:

Sy trůgen wol ein haůss/ empore.   800
als des tages schein da verswa-/ndt.
da wardt manig liecht geprandt./
gros vnd gewunden.
daz Sys auf der/ Burg nit kunden.
erkennen dann fůr/ ein fuire.   805
wie daz prunne ein Schuire./
sein herberg die stůnd schone.
Von rechte/ ober wie ein krone.
Trůge das ze lannde./
Es was jr on schande./   810
   Des morgens da der tag schain./
die ritter wurden des ˅ber ain./
daz Sÿ zu dem Schefe kamen./
vnd die Messe vernamen./
das tetten Sÿ allesambt do.   815
dës ward der/ Schefman so fro.
daz Er nit wiste was/ Er solte tůn.
man priete zwen vnd zwen/ ein hůn.
die assen Sÿ do man gesang./
dartzů yegklicher tranck.   820
daz Ers genůg/ hate.
da fůren Sÿ drate.
alle maniclich./
Vnd wapneten sich./
   Als dem von Craůn.   825
wardt/ die můsse vnd der raůn./
da zoch Er aller erste an./
Ein wambes Bugkran.
das/ hiess Er jm raichen.
ein Viltz waichen./   830
vnd pandt jn fůr sein knÿe.
also bewart/ Er sich hie.
Zwo hosen weÿs Eÿsen.
hies Er/ Jm ane preÿsen.

sie trüegen wol ein hûs enbor!   800
dô des tages schîn verswant,
dô wart manec lieht gebrant
grôz unt gewunden,
daz siez ûf der burc enkunden
erkennen wan vür ein viure,   805
alsô dâ brünne ein schiure.
sîn poulûn stuont schône;
obe er von rehte krône
trüege dâ ze lande,
ez waere ir deheine schande.   810
   Des morgens dô der tac erschein,
die ritter wurden des enein,
daz sie zem schiffe quaemen
und die messe vernaemen;
daz tâtens alle samet dô.   815
des wart der schifman sô vrô,
daz ern wiste, waz er solde tuon.
man briet ie zwein unt zwein ein huon,
diu âzen sie dô man gesanc;
dar zuo iegelîcher tranc,   820
daz ers genuoc hâte.
dô vuoren sie drâte
aller manne gelich
unde wâpenden sich.
   Dô dem hêrren von Craûn   825
wart diu muoze unde der rûn,
dô zôch er allerêrest an
ein wambes von buggeran.
dô hiez er im reichen
einen vilz weichen   830
unt bant in vür sîniu knie.
alsô bewarte er sich ie.
zwô hosen wîz ûz îsen
hiez er im anebrîsen,

vast nicht schwḗre. 835
wañ/ Er gern leichte wḗre.
Er fûr in stricken/ als ein tier.
Einen hart gûten lendinier./
den panndt Er vmb die hûf.
Vnd nestel-/te die hosen daran auf. 840
Ein hût trûg man/ Jm dar.
der befieng im die stierne gar.
daz/ jm nie kainer darûndter.
die haut ver-/ritzen kûnde.
dannoch zoch Er an mee./ 845
Einen halsperg weÿss als der Schnee.
Er/hiess die Riemen strecken.
vil vast mit reckñ./
    Als ditz was getan.
da ging Er/ auf das Schef stan. 850
vnd mit/ jm die Er wolte.
Ein knecht sein/ ross holte.
verdacht bracht Ers/ zu der tûre.
Er hies die anndern herfûre./
auf einen pûhel layten. 855
vnd bat Sÿ sein/ dazu baiten.
das was schön vnd starch./
in das Schef ers verparg./
    Do fuer Er mit Eeren.
vnd hies/ den Segel keren. 860
hin gegen der/ Burgkmaûren.
Sÿ slûgen/ Jrn thabaurn.
vnd pliesen floÿten vnd [4ʳb] horn.
Es wardt nie man so Zorn.
der/ dise freûde horte. 865
sein vngemûte zer-/storte.
Sÿ bliesen pusaûnen gros./
manige stÿm daraus dos.
pfeÿffen/ vnd rotten.

veste, niht swaere,   835
wan er gerne lîhter waere:
er vuor in schricken alse ein tier.
ein harte guoten lendenier
den bant er umbe sîne huf
unt nestelde die hosen dar ûf.   840
einen huot truoc man im dar:
der bevienc die stirne gar,
daz im nieman dar unde
die hût verritzen kunde.
dannoch zôch er ane mê   845
einen halsberc wîz alse ein snê;
er hiez die riemen stricken
vil vaste mit ricken.
  Dô ditz allez was getân,
dô gienc er ûf daz schif stân,   850
unt mit im, die er wolde.
ein kneht sîn ros holde,
daz was schoene unde starc,   *857*
in daz schif erz verbarc.   *858*
verdaht brâhte erz zuo der türe; 855 *853*
er hiez diu andern her vüre   *854*
ûf einen bühel leiten   *855*
unt bat sie sîn dâ beiten.   *856*
dô vuor er mit êren
unt hiez den segel kêren   860
hin gegen der burcmûre.
sie sluogen ir tambûre
unt bliesen floiten unde horn.
ezn wart nie manne sô zorn,
der dise vröude hôrte,   865
sîn ungemüete ez stôrte.
sie bliesen busûnen grôz,
manec stimme dar ûz dôz,
pfîfen unde rotten,

also galioten. 870
für Er mit/ seinem heer.
vnd rauben wolt auf/ Meer./
   Uber Burg an ainem orte./
nahent bey der porte.
da/ stuend heraus gewieret./ 875
schone gezieret.
mit Mermelstaine/hart wol.
die Venster sassen frawen/ vol.
in mitten darÿnne.
sass die gra-/uine. 880
die es alles het gefrůmmet./
Sÿ sprach was ist enes daz dort kumet./
Es ist hart wol getan.
Jch wåne sant/ Brandan.
durch wunder hergefarn/ ist. 885
seÿ es aber der Antercrist.
so seht/ daz yeman verzage.
Er nahet dem/ Suntage.
fliehet seine predigen vmb/ das.
wir sůllen an got glåuben bas./ 890
   Neben des hauss für den perg/
hiess Er fůeren sein werck./
seinen Ancker schos Er an den/ sandt.
damit behabet Er das lanndt./
was hilffet daz ich es lenge. 895
Vmb jn / ward solh gedrenge.
daz jm da ward/ vil kaům.
des veldes zu einem raům./
do daz die Ritter vernamen.
Zu velde/ Sÿ kamen. 900
baidenthalben geleiche./
der puneis ward reiche.
Zehanndt/ do man es began.
der Graue von der/ Burg kan.

alsam er galiotten 870
vuorte mit in sînem here
unt rouben wolde ûfem mere.
ûf der burc an einem orte,
nâhen bî der porte,
dâ stuont ein hûs gefieret 875
unt schône gezieret
mit mermelsteine harte wol.
diu venster sâzen vrouwen vol;
enmitten dar inne
saz diu graevinne, 880
diu hâte ez allez gevrumet.
sî sprach: ‚weist enez, daz dort kumet?
ez ist harte wol getân.
ich waene sant Brandân
durch wunder her gevarn ist. 885
sî ez aber der Entecrist,
sô seht daz nieman verzage.
ez nâhet gein dem suontage.‘ 888

Neben das hûs vür den berc 891
hiez er vüeren sîn werc.
sîn anker schôz er an den sant,
dâ mite behabete er daz lant.
dô daz die ritter vernâmen, 895
ze velde sie quâmen
anderhalp gelîche.
der puneiz der wart rîche.
waz hilfet daz ichz lenge? *901*
umbe in wart solich gedrenge, 900 *902*
daz in dâ wart vil kûme *903*
vehtennes zeime rûme. *904*
zehant dô man ez began, *899*
der grâve von der burc quan. *900*

fûrwar es sein weÿb sach./ 905

Einen Ritter Er do zu tod stach./

  Des wurden Sy baide.

traû-/rig vor laÿde.

der Graue es/ wol beschainde.

wann Er/ vil sere wainde. 910

daz Er ÿe durch ritter-/schafft.

solte werden schulthafft.

Ze-/hanndt entwafnet Er sich do.

des wur-/den Sÿ alle vnfro.

durch das Jåmmer-/liche laÿd. 915

der Graue auf die Burg/ raÿt.

einer traurigen fart.

daz da/ sûnd getan wardt.

das geschûf der/ Schefman.

der v̂ber landt dar kan./ 920

der pat vil vleissiklich Sÿe.

Er sprach/ gesteet mein Schef hie.

so sÿtz ich auch/ dabeÿ.

sehet was Eere Euch das seÿ./

Jr habt des laster ÿmmerme. 925

solt/ ich ertrincken ane See./

  Do sprachen Sÿ all besunder./

es were ein michel wun-/der.

daz diser Turnier ver-/durbe.

ob ein man sturbe. 930

wir süllen/ sein Seele.

Sannt Michaele.

beuelhen/ vnd stechen wir.

die rieten nach sein-/er begier.

ein Schall wardt v̂ber geuil-/de. 935

Helm vnd Schilde.

ward da vil er-/schellet.

vnd maniger geuellet.

Als/ Er in dem Scheffe sach.

einen ritter er ze tôde stach,   905   *906*
vür wâr daz ez sîn wîp sach.   *905*
des wurden sie dô beide
trûrec vor leide.
der grâve ez wol bescheinde,
wan er vil sêre weinde,   910
daz er ie durch ritterschaft
solde werden schulthaft.
zehant entwâpende er sich dô;
des wurdens alle unvrô.
durch daz jâmerlîche leit   915
der grâve ûf die burc reit
eine trûregen vart.
daz dô suone getân wart,
daz geschuof der schifman,
der wîten über lant dar quan.   920
der bat vil vlîzeclîche sie;
er sprach: ‚gestât mîn schif hie
unt gesitze ich ouch dâ bî,
seht waz êre iu daz sî!
ir hât des laster immer mê,   925
solde ich ertrinken âne sê.‘
    Dô sprâchens albesunder,
ez waere ein michel wunder,
daz der turnei verdürbe.
‚waz obe ein man stürbe: 930
wir suln sîne sêle
sante Michaêle
bevelhen, unde stechen wir!‘
die rieten al nâch sîner gir.
    Ein schal wart über gevilde;   935
helme unde schilde
wart dô vil erschellet
unt maneger man gevellet.
dô er in dem schiffe sach,

daz hie aus sch-/lůg vnd stach. 940
an dem Velde manigñ/ Ritter schnelle.
da zoch Er an sein wam-/messe.
Verre man es scheinen sach./
Im ward das ausser dach.
ein hart gůt/ Samÿt. 945
wol geschniten vnd wit./
sein wappen daran wisste.
die aller/ beste liste.
dauon Jr ye hǒret sagen./
die warn ze vleisse darÿnn getragñ./ 950
  [4ʳc] Auf pandt Er den Helm sein-/en.
den sach man verre sch-/einen.
vil wol gewieret./
mit golde wol gezieret.
als jm wol/ dochte. 955
nÿeman gemercken mochte./
an aller seiner gelasse.
Wann als ein/ künig sasse.
sein Ross brachte man Jm/ dar.
recht als ein gefar. 960
Verdeckt mit/ zenlate.
an das aine Er hate.
Ausser-/halben Ǎchte.
alsam verdeckt rechte./
die seine pat Er alle. 965
zu dem grǒsten/ schalle.
das Schif bald richten.
Vorne/ beÿ der phliten.
was ein tǔre ausgeschni-/ten.
da kom schon vorgeriten. 970
nÿeman/ wann Er eine.
sein gesellschafft was/ kleine.
Wann Er ѵber lanndt vlos.
Sÿ/ ward aber seÿd gros.

daz hie ûze sluoc unt stach 940
an dem velde maneger ritter snel,
dô zôch er über sîn wambasel
den halsberc man schînen sach.
ime wart daz ûzer dach
ein harte guoter samît, 945
wol gesniten unde wît.
sîniu wâpen daran wîste
diu aller beste lîste,
dâ von ir ie hôrtet sagen:
diu was ze vlîze dran getragen. 950
ûf bant er den helm sînen
(den sach man verre schînen)
harte wol gewieret,
mit golde volzieret,
alse er im wol tohte. 955
nieman anderz merken mohte
an aller sîner gelaeze,
wan daz ein künec dâ saeze.
sîn ros brâhte man im dar,
wîz alse ein snê gevar, 960
verdecket mit zendâte.
âne daz eine er hâte
ûzerhalben ehte
alsam verdecket rehte.
die sîne bat er alle 965
zuo dem groesten schalle
daz schif balde rihten.
vorne bî der pflihten
was ein türlîn ûz gesniten.
dâ quam schône vür geriten 970
nieman wan er eine.
sîn geselleschaft was kleine,
swanne er über lant vlôz;
sî wart aber sider grôz.

seiner knechte ka-/men gerant.   975
der ÿeglicher nam in die/ hanndt.
ein Sper oder zweÿ.
da hůb/ sich ein Turneÿ./
   Er nam den Schilt wann Jm/ was gach.
vnd ein sper dar-/nach.   980
sein ross nam Er mit/ den sporn.
da machet Er freůde on zorn./
kam er recht als ein har.
Vnnder kleine/ vogelin schar.
ainen stach Er darnider/   985
vnd aber den anndern syder.
fůrbas/ den dritten.
Vnd den Vierden darmitñ/
den fůnfften stach Er sere.
den Sechstñ/ michl mere.   990
den Sibenden Er darnach/ stach.
dem Achten alsame geschach./
Verre vnnder den frunden.
stach Er/ nider den Neundtñ.
den zehennden stach/ Er auf das gras.   995
Es viel was vor Jme/ was.
mit sůnstgetanem dinge.
mach-/et Er daz im ringe.
die ross lieffen sere./
als es ein stůt were.   1000
Als Jm ein ross/ von Hessen.
hinder begunde schwitzen./
so gab Ers fůrbas.
auf ein annders/ Er gesass.
als jm aber ein annders kam./   1005
so was Er da der ditz nam.
Hiemit der/ Schifherr geschůf.
daz Er hat gar/ den rüf.
Ze rechte vnd durch miete./

sîner knehte quam ein teil gerant, 975
der iegelîcher in die hant
nam ein sper oder zwei.
   Dô huop sich der turnei.
er nam den schilt, wan im was gâch,
unde ein geverwet sper dar nâch. 980
sîn ros nam er mit den sporn:
dô hâte er vreissamen zorn.
jâ quam er rehte alse ein ar
under kleiner vogele schar:
einen stach er dar nider 985
unde aber den anderen sider,
unt vürbaz den dritten,
den vierden dâ enmitten,
den vünften stach er sêre,
den sehsten michel mêre, 990
den sibenden er dar nâch stach,
dem ahten alsame geschach;
verre under den vriunden
stach er nider den niunden,
den zehenden stach er ûf daz gras – 995
ez viel swaz dâ vor ime was.
mit sus getânem lingen
vaht er, daz ime ringe
diu ros liefen laere,
alse ez ein stuot waere. 1000
swenne ein ros vor hitze
under im begunde switzen,
sô gap er ez vürbaz;
ûf ein anderz er gesaz.
alse im aber ein anderz quam, 1005
sâ was dâ, der ditze nam.
hie mite der schifhêrre geschuof,
daz er rehte hâte den ruof
durch vehten unde durch miete

Von aller der diete. 1010
als Er durch der/ frawen pete.
seine geferbeten sper/ vertete.
aller zerechter juste.
da jn/ sein fraw kuste.
do gieng es an die/ planckhen. 1015
Sÿ möcht jms wol danck-/en.
daz nie kain man.
so grossen preÿß/ gewan.
als Er zu den zeiten.
hette von/ baÿden seÿten./ 1020
   Wer Er Betalle ein heiden./
von der Cristenhait geschai-/den.
der jn des tages sahe./
durch rechte Er im eeren Jache.
Er/ fûr vmb als ein pal. 1025
vnd hiess rûf-/fen v̂beral.
Wer gutes gerûchte.
daz/ Ers zum Scheffe sûchte.
da gab Er/ jn allen tag.
was jm ze raine gelag./ 1030
was Er dar brachte.
als nu der Abent/ nachte.
da was Er mûde entwichen./
von slegen vnd auch von stichen.
zu/ dem Schiffe durch seinen gemach./ 1035
Wer jn durch gût ansprach.
den kund/ Er wol gestillen.
mit guete vnd auch/ mit willen.
des ward sein lob vil/ prait.
das Schef das Er da raÿt. 1040
hiess/ Er die Garsune nemen.
Wem [4ᵛa] môchte es bas auch gezêmen./
   An griffen Sÿ es gar.
Jr kom-/en auch vil dar.

von aller varnder diete. 1010
der in des tages saehe, *1023*
durch reht er im êren jaehe. *1024*
Dô er durch der vrouwen bete *1011*
diu geverweten sper vertete, *1012*
dô gienc ez an die schranken. 1015
sî mohte ims wol danken,
daz noch nie dehein man
alsô grôzen prîs gewan,
alse er zuo den zîten
hâte von beiden sîten, 1020
al ze rehter tjuste. *1013*
sîn vrouwe in dâ kuste. *1014*
1021
1022

er vuor umbe alse ein bal 1025
unt hiez rüefen über al,
swer guotes geruochte,
daz erz zem schiffe suochte.
dâ gap er in allen den tac,
swaz in ze râme gelac 1030
unt swaz er dar brâhte.
Dô nû der âbent nahte,
dô was er müede entwichen
von slegen unt von stichen
zuo dem gezelte durch sîn gemach. 1035
swer in durch guot ane sprach,
den kunde er wol gestillen
mit guote unt mit willen.
des wart dô sîn lop vil breit.
daz schif, daz er dar gereit, 1040
hiez er die garzûne nemen:
‚wen möhte es baz dan iuch gezemen?'
ane griffen sie ez gar,
der varnden quam ouch sô vil dar,

daz Sy nie-/man kunde gezelen.   1045
da wur-/den einem zwo ellen.
so wurden dem/ anndern dreÿ.
vnd dem vierden da-/beÿ.
zu ainem Rock genůg.
der fůnfte/ den Sechsten slůg.   1050
daz jm das haubt/ zerbrast.
der Sibende ergriff den mast./
der Achte das růder.
dem Neůndten/ ward ein mueder.
dem zehenden zu/ einem gern.   1055
mit sůnst getanen Eern./
ward es getailt vnnder Sÿ.
Er erfra-/get dauor nie.
kain schef so mere.
daz/ on wasser wěre./   1060
   Do der Turnaÿ was zergang-/en.
do kam ein man gefang-/en.
der bat jn sere der habe./
seinen Halsperg zohe Er abe.
vnd gab/ Jm den ze stewrc.   1065
des gnadet Er Jm/ tewre.
Als Er sich des erwarte.
da zoch/ Er ane harte.
sein wammes fůr die/ kalte.
vil vnlanng er entwalte.   1070
Er/ fragete ob yemand kåme.
der auch/ die hosen něme.
dannoch was da/ nÿeman.
do enstrickt Er die rÿemen./
an dem ainen paine.   1075
Sÿ liessen al-/ters aine.
die mit jm warn darko-/men.
Sÿ heten wol von Jm vernom-/en.
daz Sy gaben wer Sÿs paten./

daz sie nieman kunde gezeln. 1045
dô wurden einem zwô eln,
dem dritten alse dem andern drî
unde dem vierden dâ bî
ze einem rocke genuoc.
der vünfte den sehsten sluoc, 1050
daz im daz houbet zebrast.
der sibende begreif den mast,
der ahte daz ruoder,
dem niunden wart zem muoder,
dem zehenden tuoch zem gêren. 1055
mit sus getânen êren
wart ez geteilet under sie.
ir ervrieschet dâ vor nie
dehein schif sô maere,
daz âne wazzer waere. 1060
    Dô der turnei was zergangen,
dô quam ein man gevangen,
der bat in sêre der habe.
sînen halsberc zôch er abe
unt gap im den ze stiure: 1065
des genâdete er im tiure.
dô er sich des entwerte,
dô zôch er an die herte
sîn wambes vür die kelte,
vil unlange er entwelte. 1070
er warte obe ieman quaeme
der ouch die hosen naeme:
dannoch was dâ niemen.
dô enstricte er die riemen
an dem lirken beine. 1075
sie liezen in alters eine,
die mit im wâren dare komen:
sie hâten wol von im vernomen,
daz sie gaeben, swer sies baete,

was yeglicher hate.   1080
von den nam-/en Sy sein dhein war.
vnder des kam/ ein pote dar.
Er sprach da Er jn sûst/ ainig vant.
mein fraw hat nach/ Ew gesant.
Nu fart abweg es ist/ zeit.   1085
recht als jr hie seÿt.
so sult jr dar/ zu Jr.
das empot Sÿ Euch beÿ mir./
frôlichen tet Er das.
auf des knechtes/ phârd Er sas.   1090
vnd fuer als jn der/ knecht hiess
Nu vernemet wie jn/ der knecht liess.
in einem paumgar-/ten.
da hiess sÿ sein warten.
Ein junck-/fraw wolgetan.   1095
die bate jn mit jr zu/ gan.
in ein kemmenaten.
die Sy/ taugenlich haten.
Zu Jr heimlicheit/ erwelt.
da fûert die junckfraw den/ helt.   1100
an ÿeglichem ende.
warn ge-/malet die wende.
wol vnd auch so/ vast.
daz es als ein munster klast./
oben so gemuste was.   1105
daz es leûchtet/ als ein spiegl glas./
   Da giengen Sÿ zwaÿ aine/
von edlem gestaine.
warn/ venster darynn gemacht./
baÿde tag vnd nacht.   1110
stûnd ein pete/ dabeÿ.
Vernemet wie das gemalet/ seÿ.
dem waren die stollen.
gros vnd/ geschwollen.

swaz iegelîcher haete;   1080
des nâmens sîn deheine war.

   Darunder quam ein bote dar.
er sprach, dô er in sus einen vant:
‚mîn vrouwe hât nâch iu gesant.
nû vart abe wege, ez ist zît.   1085
rehte sô alse ir hie sît,
sô sult ir komen dar zuo zir:
daz enbôt sî iu bî mir.‘
vrôlîchen tete er daz:
ûf des knehtes pfert er saz   1090
unt vuor, alse in diu vrouwe hiez.

   Nû vernemet, wâ in der kneht liez:
in einem boumgarten
dâ hiez sî sîn warten
eine juncvrouwen wol getân;   1095
diu bat in mit ir în gân
in eine kemenâte,
die sî tougen hâte
zuo ir heimlîche erwelt.
dar vuorte diu juncvrouwe den helt.   1100
an iegelîchem ende
wâren dâ die wende
wol gemâl sô vaste,
daz ez alse ein münster glaste.
daz himelze sô gemuoset was,   1105
daz ez lûhte alse ein spiegelglas
beide tac unt naht dar inne,   *1110*
sam waeren venster binnen   *1109*
von edelem gesteine.   *1108*
dar giengen sie zwei eine.   1110 *1107*

   Dâ stuont ein bette enmitten bî,
vernemet, wie daz gemachet sî:
dem wâren sîne stollen
grôz unt gedrollen,

von helffenpain vnd/ ergraben. 1115
warn tier an erhaben./
aller hannde als Sÿ die erde tregt./
vnd golt darundter gelegt.
Enmittñ/ in das helffenbain.
das antlŭtz dar-/aus schain. 1120
die rigl warn alsus./
Holtz von Bulcanus.
das nicht/ verprÿnnen kan.
vnd was gestrick-/et daran.
Vier liebarten heŭte. 1125
ditz/ machen reiche leŭte.
Jnn mitten/ ze samen gegossen.
dise red ist war [4ᵛb] vnd nicht gelogen.
Wie ich nicht/ betzeŭgen mag.
Enmitten auf den/ heŭten lag. 1130
Pette waÿch vnd gros./
die warn nicht gar blos.
Jn warn die/ ziechen.
Pellelin vnd kriechen.
darob/ lag ein golter da. 1135
Ich wene fraw Cass-/andra.
Ye besser werch geworchte.
oder/ dhein jr geslachte.
Vnd desselben ein/ decklachen.
da hiessen Sÿ vnnder/ machen. 1140
Ein feder die man tewre galt./
ein laÿste was dafor gestalt.
Von zo-/bele schwartz als ein kol.
einer spanne/ prait all vmb vol./
   Die federn waren gŭt genŭg./ 1145
das Tyer daz die pelge trŭg./
das ist Alfurt genant./
der kŭnig von Maroch hat ein lant./
das liget verr im See.

unt von helfenbeine ergraben 1115
wâren tier ane erhaben,
aller hande als diu erde treit,
unt golt dar under geleit
enmitten in daz helfenbein,
daz ir antlitze dar ûz schein. 1120
die rigel wâren alsus
von holze, daz Vulcânus
niht verbrennen enkan,
unt was gestrecket dar an
vier liebarten hiute 1125
(ditz hânt wan rîche liute),
enmitten zesamene gezogen.
diu rede ist wâr unt niht gelogen,
swie ich es niht beziugen mac.
enmitten ûf den hiuten lac 1130
vil bette weich unde grôz.
diu wâren decke niht blôz:
ûf in lâgen ziechen,
pfellelîn von Kriechen;
dar obe lac ein golter dâ – 1135
ich waene vrou Cassandrâ
nie bezzer werc volbrâhte
oder dehein ir geslahte –
unde ûz sabene ein deckelachen.
dâ hiezens under machen 1140
vedere, die man tiure galt.
ein lîste was dâ vor gestalt
von zobele swarz alse ein kol.
einer spanne breit alumbe wol.
die vedere wâren guot genuoc: 1145
daz tier, daz die belge truoc,
daz ist alfurt genant;
der künec von Maroch hât ein lant,
daz liget verre über sê

da fahet mans/ vnd nÿnndert mee. 1150
Das ist geheÿsset/ kartago.
vnd bewaret es fraw Dido./
da die haubt waren hingekeert.
da/ was ye höher gemeret.
mit einem/ phullm seÿden. 1155
das pette mocht wol/ pesser sein.
so kan aber ich nicht gesa-/gen bas.
wann lat es sein als das.
an/ seiner gůete geleich.
das von Veldegke/maister Hainreich. 1160
machte hart/ schone.
dem kůnig Salomone.
da Er/ auf lag vnd slief.
darÿnne Venüs/ anrůeff.
bis daz Sÿ jn erwackte. 1165
mit/ Jrem pogen Sÿ jn erschrackte.
Sÿ schos/ jn an sein hertze.
daz jn derselbe schmertze./
drucket bis an sein ennde.
Ermůsse mir/ gebende. 1170
wie weÿss so Er wåre.
Sy mach-/et Jn witze låre.
disem man was lůtzl/ bas.
der beÿ der Junckfrawen sass./
heimlich vnd auch fremde. 1175
Grass/ vnd auch semede.
was gestreůt auf/ den Estrich.
da wanketen Sÿ mit rede/ sich./
Sÿ fraget Jn ettwenne.
vnd/ aber Er Sy denne. 1180
von aller/ slachten dingen.
die zweÿ/ sunderlichen.
Er sprach sicherlichen./
ditz hauss ist reiche.

– dâ vâhet manz unt ninder mê –, 1150
daz ist geheizen Kartagô
unt bewarte ez ê vrou Dîdô.
dar diu houbet wâren gekêret,
dâ was daz bette gemêret
mit einem pfulwen sîdîn. 1155
daz bette mohte bezzer sîn –

wan lât ez wesen dem gelîch, 1158

daz von Veldeke meister Heinrîch 1160
machte harte schône
dem künege Salomône,
dâ er ûfe lac unt slief;
darinne in Vênus ane rief,
biz daz sî in erwacte. 1165
mit ir bogen sî in erschracte;
sî schôz in an sîn herze,
daz in der selbe smerze
dructe unz an sîn ende:
er muose in ir gebende, 1170
swie wîse sô er waere,
sî tete in witze laere.
  Disem man was lützel baz,
der bî der juncvrouwen saz
heimlich unde ouch vremede. 1175
gras loup unde semede
was geströuwet ûf den esterich.
dô banecten sie mit rede sich.
sî vrâgete in etewenne
unde aber er sie denne 1180
von aller slahte dingen,
diu zwei sunderlingen.
er sprach: ,sicherlîche,
ditze hûs ist rîche,

schöen vnd wun-/nikleiche. 1185
Zwar des duncket mich./
an allen meinen sÿnnen.
Wår mein/ fraẘ hinnen.
so wêr es als ich wolte./
ob ichs erwünschen solte. 1190
es môchte/ aber auf der Erden.
nÿmmer kain/ hauss so bôses werden.
sähe ich Sÿ ein/ mal darein gan.
Es deüchte mich bas/ dann ditz getan./
   Do sprach die jûnckfraẘ./ 1195
wie ẘbel jr hertzû.
Sÿ/ kumet als Sÿ kumen mag./
mein herr ligt heût allen tag.
vnd/ waÿnet hart sere.
Er wil nÿmmer-/mere. 1200
fro werden noch gaŷl.
seÿdt im/ das gros vnhaÿl.
von Ewrn schulden/ geschach.
daz Er einen Ritter zu tod/ stach.
des klaget Er sere Ewrer fart./ 1205
daz Sÿ ye aufgelegt ward.
vndflûch-/et zu allerstunde.
daz man ye begun-/de.
dasselbig Schef zu machen.
so mûs/ mein fraw lachen. 1210
daz Ewr zwaÿer/ rat.
allennthalben ane gat./
   [4ᵛc] Do sprach der Ritter wider Sÿe./
im schadet mein Rat nye./
Er half auch mich vil klaine./ 1215
doch waÿss ich wol das aine.
als ich/ mich verstan kan.
der wirt ist ein hûbsch/ man.
het Er geslagen noch achte.

schoene unde wunneclich.   1185
zewâre des dunket mich
an allen mînen sinnen,
waere mîn vrouwe hinne,
sô waere ez alse ich wolde,
obe ichz erwünschen solde.   1190
ez möhte aber ûf der erden
kein hûs sô boesez werden,
saehe ichs eines dar în gân,
ez dûhte mich baz dan ditz getân.'
Dô sprach diu juncvrouwe: 1195
,swie übele ir hêren zouwe,
sî kumet als schieres komen mac.
mîn hêre lît hiute al den tac
unt weinet harte sêre.
er wil nimmer mêre   1200
werden weder vrô noch geil,
sît im daz grôze unheil
von iuwern schulden geschach,
daz er einen ritter ze tôde stach.
des klaget er sêre iuwer vart,   1205
daz sî ie ûf geleget wart,
unt vluochet zaller stunde,
daz man ie begunde
daz selbe schif machen:
sô muoz mîn vrouwe lachen,   1210
daz iuwer zweier tougen rât
allenthalben ane gât.'
Dô sprach der ritter wider sie:
,im geschadete mîn vart nie:
sî half ouch mich vil kleine.   1215
doch weiz ich wol daz eine:
alse ich mich versinnen kan,
der wirt ist ein hövesch man;
haete er geslagen noch ehte,

der/ Jm gesaget rechte. 1220
waz Jch durch sein/ weÿb han getan.
Er hiess Sÿ heerzu mir/ gan.
wisset Er daz Jch hie wêre.
wie Er/ Jr dort empåre./
   Darumb Er traûrende sass./ 1225
mûede vnd hardt nass./
zornig vnd tråg.
vnd ge-/pardte gleich als Er wol låg.
Ein weÿle/ durch sein gemach.
die frawe gûetlich-/en sprach. 1230
als Sÿ sach daz Jn verdros./
wann Jr leget Euch in mein schos.
vnd/ rûwet bis mein fraẘ kome.
es wirt/ villeicht Ewr frumme.
Jr seÿt mûed/ vnd genaẘen. 1235
Jch têtte möcht jch getr-/awen.
daz Jch nit wencken kûnde.
Ee/ mich mein fraẘ funde.
slaffende ob/ Sÿ kåme.
vnd mir jr grûs benåme./ 1240
mein slaf so wurd ich nÿmmer fro./
die junckfraw sprach do.
das bewar/ ich lat es an mich.
thuet Jr ia so slaf/ ich./
   Da leget Er sein haubet. 1245
als/ Sy jm het erlaubet.
in Jr schos/ vnd slief zehant.
Es was/ Im also gewant.
Er het menige lange/ nacht.
dauor so offt gedacht. 1250
wie Er/ sein Schef vertête.
damit er des Eere hête./
des Er nu künstlichen phlag.
nit lang/ Er da lag.

der im gesagete rehte,   1220
waz ich durch sîn wîp hân getân,
er hieze sie her zuo mir gân,
wiste er, daz ich hie waere,
swie er ir dort enbaere.'

 Dar umbe er trûrende saz,   1225
müede unde harte laz,
zornec unde traege,
unt gebârte, alse er laege
ein wîl ruowende durch gemach.
diu maget güetlîchen sprach,   1230
als sî sach, daz in verdrôz:
,wan leget ir iuch in mîne schôz
unt ruowet, biz mîn vrouwe kome?
ez wirt vil lîhte iuwer vrome:
ir sît müede unt genouwen.'   1235
,ich taete, möhte ich getrouwen,
daz ich entwachen künde,
ê mich mîn vrouwe vünde
slâfende. obe sî quaeme
unt mir ir gruoz benaeme   1240
mîn slâf, sô würde ich nimmer vrô.'
diu juncvrouwe sprach alsô:
,daz bewar ich, lât ez ane mich!'
,tuot ir?' ,jâ.' ,sô slâfe ich.'
dô legete er sîn houbet,   1245
alse sî im hâte erloubet,
in ir schôz unt slief zehant.
ez was im alsô gewant:
er hâte manege lange naht
dâ vor sô ofte gedâht,   1250
wie er sîn schif vertaete,
daz er des êre haete,
des er sô künstlîchen pflac.
 Unlange er dâ lac.

da kam die fraw reiche. 1255
mit/ forchten tugentleichen.
die leicht Ee ku-/men mȯcht sein.
da wolt das Maget-/lein.
wegken den mṻeden man.
als Sÿ/ Jr frawen vernam. 1260
des ward die Grȧ-/fin gewar.
bas gȧhet Sy dar.
Sÿ hiess/ jn ligen lassen.
v̇ber den mṻeden man/ Sÿ sassen./
   Do sprach die fraw gemaÿt./ 1265
Jch wais wol die warhait./
daz ein man mit seinem/ leibe.
hie bas gediente weÿbe.
dann mir/ diser hat getan.
solt jch jn des vngelonet/ lan. 1270
das wėre ein solich sṻnde.
die jch/ nÿmmer v̇berwṻnde.
Jch vernam so/ verr sein klage.
daz Jch jm hewt an disen/ tage.
wolte lonen seiner arbait. 1275
mit/ lone bin jch hie bereit.
Nu liget Er als/ ein totes schaf.
Jm ist lieber dann mein/ ein slaf.
nu mȯcht Er seinen slaf haben/ gespart.
nu were ich mit jm nit wol/ bewart. 1280
das han Jch vil erfarn.
nu sol/ Jch mich bas bewarn.
Ich mȯcht jm so/ lieb sein.
Er het bas gewartet mein./
Yedoch kost jn heẇr. 1285
kain gemach so/ tewr.
sein slaffen hat mich jm benum-/en.
was Er jm hernach mṻg gefrum-/men./
   Da sprach das magetlein./

dô quam diu vrouwe rîche 1255
mit vorhten tougenlîche,
diu lîhte ê komen möhte sîn.
dô wolde ouch daz magedîn
wecken den müeden man,
alse sî ir vrouwen vernan. 1260
des wart diu graevinne gewar.
vürbaz gâhetes dar;
sî hiez in ligen lâzen.
über den müeden man sie sâzen.
dô sprach diu vrouwe gemeit; 1265
,ich weiz wol die wârheit,
daz ein man mit sînem lîbe
nie baz gediende wîbe,
danne mir diser hât getân.
solde ich in des ungelônet lân, 1270
daz waere ein solichiu sünde,
die ich nimmer überwünde.
ich vernam sô verre sîne klage,
daz ich im hiute an disem tage
wolde lônen sîner arbeit. 1275
mit lône bin ich hie bereit:
nû liget er alse ein tôtez schâf;
im ist lieber danne mîn ein slâf.
möhte er sîn slâfen hân gespart,
waere ich mit im niht unbewart, 1280
daz hân ich vil wol ervarn.
nû sal ich mich baz bewarn.
möhte ich im sô liep sîn,
er haete baz gewartet mîn.
iedoch koste in hiure 1285
kein gemach sô tiure:
sîn slâf hât mich im benomen,
swaz er im hernâch müge gevromen.'
    Dô sprach aber daz magedîn:

das muesse got geklaget/ sein.   1290
lieber geferte.
das ist/ ein rede herte.
die mein fraw erhaben/ hat.
wie sol ich von der missetat.
ym-/mer werden erlost.   1295
Ja slieffest du auf[5ʳa] meinen trost.
das wil Jch ẏmmer/ got klagen.
daz dein mûeder leib ersla-/gen.
ye wart gegeben meinem gewalt./
seẏt du von meinen schulden salt./   1300
deine dienst alle han verlorn.
Owe daz/ ich ẏe ward geborn:
also schedlichen/ dir.
fraw jr solt gelauben mir.
Wenn/ man die schannde.   1305
erfert im lande./
so kumet Jr nẏmmermere.
nẏm-/mer an Ewr Eere.
vnd mag Euch sein/ laẏd.
begeet Jr dise vnhoflichait.   1310
Ich/ wêne auch nicht daz yemand lebe./
der ẏmmer offt lones gebe.
gedienet/ wirt jm ditz bekannt.
so ist Ewr zornn/ nicht wol bewannt.
wenn die welt/ mit disen schâden.   1315
Von Ewrn schulden/ ist geladen.
ditz ist vnns weiben ein/ misse val.
daz sich ein man nit lassñ/ sal.
an vnnser kaine nẏmmerme./
Nu secht wie Euch das danne stee./   1320
Ir sûlt es Jm nicht laẏden.
die mañ/ sint doch so vnbeschaiden.
daz ẏeglich-/er nẏmmer thuet.
durch weẏb dañ/ vnns were gût.

,des müeze gote geklaget sîn   1290
dîner geverte!
daz ist ein rede herte,
die mîn vrouwe erhaben hât.
wie sal ich von der missetât
werden ie mêre erlôst?   1295
jâ sliefe dû ûf mînen trôst.
daz wil ich immer gote klagen,
daz dîn müeder lîp zerslagen
ie wart gegeben in mîn gewalt,
sît dû von mînen schulden salt   1300
dîn dienest allen hân verlorn.
ôwê daz ich ie wart geborn
alsô schedelîchen dir!
vrouwe, ir sult gelouben mir:
obe man die schande   1305
ervert in dem lande,
sô kumet ir nimmer mêre
wider an iuwer êre,
unde mac iu wesen leit,
begât ir dise unhövescheit.   1310
ich waene ouch niht, daz iemen lebe,
der ie mêre ûf lônes gebe
gedienet, wirt im ditz bekant;
sô ist iuwer zorn niht wol bewant.
daz diu werlt mit disem schaden   1315
von iuwern schulden ist geladen,
ditz ist uns wîben ein misseval,
daz sich ein man niht lâzen sal
an unser keine nimmer mê.
nû seht, wie iuch daz ane stê.   1320
ir sult ez im niht leiden.
die man sint sô bescheiden,
daz iegelîcher minner tuot
durch diu wîp, danne uns waere guot.

durch got fraw be-/dencket Eŵ.   1325
hie ist nÿeman dann wir/ dreŵ.
haÿsset jn aufstan.
solt Er/ also verloren han.
da verlurn leicht/ Sechtzigk mit.
der ÿeglicher gerne lit./   1330
von guten weiben kummer noch./
bis jnen wurd gelonet noch.
wirt/ Jn das von Eůch benomen.
so seÿt Jr/ ůbel heerkomen.
was ist die welt dann/ weÿbes lon.   1335
lebte der kunig Salomon./
Er kůnde nicht geraten bas.
Schlaffet/ Er waÿst vmb das./
   Do sprach die Grauinne./
mir ist laÿd daz ich mich/ mÿnnc.   1340
ÿe vnnderwant/ so verre.
Jch fůrchte daz mir gewerre./
wem zu der mÿnne ist zugach.
da/ geet villeichte schade nach.
Wer sich/ an stětte mÿnne lat.   1345
jch sage wie es/ dem ergat.
als der ein netze stellet./
vnd selb darÿnn vellet.
Also vahent/ Sÿ selber sich.
des wil jch bewaren/ mich.   1350
Jch wil auch gern wesen freÿ./
dann ich yemands seÿ.
die mann sein/ vnstěte.
was Jch durch disen tětte.
das/ were als ein peichte.   1355
Es erfunden mor-/gen leichte.
dreÿ oder Viere.
darnach/ Dreÿzehen schiere.
Vnnser zwaÿer/ Prautlaůfft.

durch got, vrouwe, gedenket iu: 1325
hie ist niemen wan wir driu;
mâzet iuwern boesen zorn!
solde er alsô hân verlorn,
dâ verlürn lîhte sehzic mite,
der iegelîcher gerne lite 1330
von guoten wîben kumber doch,
obe im würde gelônet noch.
wirt in daz von iu benomen,
sô sît ir übele her bekomen.
weist diu werlt âne wîbes lôn? 1335
lebete der künec Salomôn,
er künde niht gerâten baz.
slaefet er, weist umbe daz?'
  Dô sprach diu graevinne:
,mir ist leit, daz ich mich minne 1340
ie underwant sô verre.
ich vürhte, daz mir gewerre.
swem zuo der minne ist ze gâch,
dâ gât lîhte schade nâch.
swer sich an staete minne lât, 1345
ich sage wie ez dem ergât:
alse der ein netze stellet
unt selbe dar în vellet,
alsô vâhents selbe sich.
des wil ich bewarn ie mêre mich. 1350
ich wil ouch gerner wesen vrî
danne ich deheines mannes sî.
die man sint unstaete.
swaz ich durch disen taete,
daz waere ein offeniu bîhte: 1355
sô ervunden morgen lîhte
drî oder viere,
dar nâch drîzec schiere
unser zweier brûtlouft.

so were mein Eere/ verkaufft.   1360
vmb hart klainen gewin./
Von dem wil jch sein als ich pin./
   Da sprach aber die maget./
Jr habt das argiste gesaget./
daz auch hernach mag/ geschehen.   1365
des pesten sûlt jr Euch ver-/sehen.
Es wére gût der Sÿ alle mitte/
nû erliess vnns der alte sitte.
wir/ mücssen thuen vnd lan.
als auch/ ein weÿb hat getan.   1370
Nu wecket jn/ es ist Zeit.
wie vnbezwungen Jr noch/ seÿt.
so wisset Jr doch daz mÿnne./
ist maister aller sÿnne.
nu fûrchte/ dhein Jr maisterschafft.   1375
daz Sÿ mit/ pete oder mit crafft.
an mir ÿmmer/ gefüege.
so der man hie lige.
bis jch [5ʳb] hinwider in gie.
so saget Ime daz Er/ aufstee.   1380
vnd zu seiner herberg gee./ oder fare.
Bit jn daz Er sich bas bewa-/re.
hernach das ist sein gewin.
hie-/mit gieng Sÿ wider jn./
   Do gewan die junckfraw/ gût.   1385
einen traurigen/ mût.
daz der man scha-/den plos.
seiner stâten mÿnne nÿe/ genos.
vnd begunde Sy zwingen./
forchte von den dingen.   1390
daz Er Sÿ zu/ hûte erkoß.
vnd darnach so weÿslos./
solte farn vnd lones on.
nu erwach-/et Er von won.

sô waere mîn êre verkouft 1360
umbe harte kleinen gewin.
von diu wil ich sîn, alse ich bin.'
  Dô sprach aber zir diu maget:
,ir hât daz ergeste gesaget,
daz iu her nâch mac geschehen: 1365
des besten sult ir iuch versehen.
ez waere guot, ders alle mite:
nû enlaezet uns der alte site,
wir enmüezen tuon unde lân
alse ie diu wîp hânt getân. 1370
nû wecket in, wan ez ist zît.
swie unbetwungen ir noch sît,
ir wizzet doch, daz Minne
ist meister aller sinne.'
,ichn vürhte deheine ir meisterschaft, 1375
daz sî mit bete ode mit ir kraft
an mir iemêre gesige.
alsô lâ den man hie ligen,
biz ich wider în gê;
sô sage im, daz er ûf stê 1380
unt ze sîner herberge vare.
bit in, daz er sich baz beware,
daz ist her nâch sîn gewin.'
hie mite gienc sî wider în.
  Dô gewan diu juncvrouwe guot 1385
einen trûregen muot,
daz der hêre schanden blôz
sîner staeten minne nie genôz,
unt begunde sie twingen
vorhte von den dingen: 1390
daz er sie ze huote erkôs
unde dar nâch sô wîselôs
solde varn unt lônes âne.
nû erwachete er von wâne.

Zehanndt als Er auf-/sach. 1395
Zu der junckfraẃen Er da/ sprach.
Ich schlieff so vnsaffte/ nye.
Ich wanet mein fraw wer hie./
vnd wolt mein nit grüessen.
wie/ môcht jch das gepůessen. 1400
wenn Jch/ huldc.
verlůr von meiner schulde./
so můss ich traurn ẏmmerme.
da/ sprach die maget Owe.
müede vnd/ vnnůtze warn. 1405
wir haben baide/ missefarn.
mein fraw hat missc-/tan.
des Sy ẏmmer můess schaden/ han.
Jr hat jr Eere verloren.
ein vn-/weẏblicher Zorn. 1410
Ich wil es wol ge-/traẃen.
es habe Sẏ seyder geraẃen./
daz Sẏ gehaẏssen hat.
Sẏ kum hart/ drat.
vnwissende auf mich. 1415
Zwar/ des forcht ich.
vnd sahe mich vmb/ allenthalb.
da kam Sẏ recht als ein/ Alb.
auf mich geslichen.
Sẏ was/ vil hart erplichen. 1420
von forchte oder/ Sẏ zaigete mite.
zorn vnd jr vnsite./
    Da solt jr mich gewecket/ han.
das het ich gerne/ getan.
wann daz Sẏ es/ mir ser verpot 1425
da was ich schier/ als ein todt.
daz Sẏ was durch gůte/ tate.
nu han ich jr vnstête.
allererst/ recht bekannt.

zehant alse er ûf sach, 1395
ze der juncvrouwen er dô sprach:
‚ich slief sô unsanfte nie.
ich wânde, mîn vrouwe waere hie
unt wolde mîn niht grüezen.
wie möhte ich daz gebüczen? 1400
obe ich nû ir hulde
verlüre von mîner schulde,
sô müese ich trûren immer mê.‘
dô sprach diu juncvrouwe: ‚ôwê,
müede unde unnütze barn 1405
wir beide hân missevarn.
mîn vrouwe hât missetân,
des muoz sî immer schaden hân:
ir hât ir êre verlorn
ein unwîplîcher zorn. 1410
ich wil es wol getrouwen,
es habe sie sider gerouwen,
daz sî geheizen hâte.
sî quam gegangen drâte
harte unwizzende ûf mich. 1415
zewâre des zornes vorhte ich
unt sach umbe allenthalp:
dô quam sî rehte alse ein alp
ûf mich her geslichen;
sî was vor zorne erblichen.‘ 1420

‚Dô solt ir mich gewecket hân!‘ 1423
‚daz haete ich gerne getân,
wan daz sî ez sêre verbôt 1425
– dô was ich schiere alse tôt –
ê daz sî iu güete taete.‘
‚Nû hân ich ir unstaete
allerêrste rehte bekant.

so ist mein dienst/ vnbewant. 1430
Sprach der lobes reiche./
vnd můss kümberleiche.
ÿmmer/ meinen schaden tragen.
was hiess/ Sÿ aber mir sagen.
da Sÿ hinwider/ gie. 1435
nÿe wañ daz Sÿ Euch ligen lie./
vnd daz Sy Eůch slaffen liess.
vnd/ darnach farn hiess.
wider zu Ewrem/ gemache.
das ware ein frombde/ sache. 1440
solt jch nu gemach han.
seÿdt/ mir also ist ergan.
der slaf hat ge-/machet.
daz mein schade wachet./
warlich lannge zeit. 1445
fraw seÿt jr/ schuldig seÿt.
so thuet aines durch/ mich.
zwar des tůn ich.
gefůeget/ es sich ÿmmer also.
mein fraw hat/ mich vnfro. 1450
gemachet das gelaubet/ mir.
geet widerůmb zu Jr.
vnnd/ pittet Sÿ vil sere.
durch aller fraẅ-/en Eere.
daz Sÿ jrn zorn masse. 1455
vnd/ mich sůnst nit lasse.
wil Sÿ mich/ armen.
durch got nit erparmen./
das ist ein herte mare.
Jr lon ist/ mir zware. 1460
damit Sÿ mir vergol-/ten hat.
zu schiere mein missetat./
ermante Sÿ mit schoner pete.
daz/ Sÿ ditz durch jn tette./

sô ist mîn dienest unbewant,   1430
sprach der lobes rîche,
,unt muoz kumberlîche
immer mînen schaden tragen.
waz hiez sî aber mir gesagen,
dô sî wider în gie   1435
unde mich slâfenden lie ?'
,wan daz ich iuch ligen lieze   *1437*
unde dar nâch varn hieze   *1436*
wider z'iuwerm gemache'.
,daz waere ein vremediu sache,   1440
solde ich nû gemach hân,
sît mir alsô ist ergân.
der slâf hât gemachet,
daz mîn schade wachet
wârlîche lange zît.   1445
vrouwe, sît ir schuldic sît,
sô tuot wan ein dinc durch mich.'
,zewâre, hêre, daz tuon ich,
gevüeget ez sich immer sô.'
,mîn vrouwe hât mich unvrô   1450
gemachet: daz geloubet mir.
gât wider umbe got zuo zir
unt bitet sie vil sêre
durch aller vrouwen êre,
daz sî ir zorn mâze   1455
unt mich sus niht lâze.
wil aber sî mich armen
durch got niht erbarmen,
daz ist ein hertez maere.
ir lôn ist mir ze swaere,   1460
dâ mite sî mir vergolten hât
ze schiere mîne missetât.'
er mande sie mit schoener bete
unz daz sî ditze durch in tete.

[5ᵛc] Do gieng die Maget/ gůte.   1465
mit traurigem/ mûte.
wider zu Jr fraw-/en.
Jr sind an die mawen.
die zäher-/ geuallen vnd auf die hannde.
Sÿ/ klaget got die schannde.   1470
die jr fraw/ tůn wolt.
doch tčtte Sÿ als sy solte./
wann Er Sÿ des het gepeten.
Sÿ/ kam vil sanffte getretten.
für das/ pet da Sÿ was.   1475
das Decklachen Sÿ/ auflas.
vnd růerte Sÿ sanfft an/ die handt.
Als schiere so Sÿ jr da em-/phandt.
Sÿ sprach von wannen ku-/mest du.
oder was wildu aber nu./   1480
fraw ich bin aber sein pot.
Vnd wil/ noch pitten beÿ dem got.
der Euch gab/ Seel vnd leib.
daz Jr Eeret alle weÿb./
last jn sůnst nicht haben verloren./   1485
Jr mügt wol vnnser dreÿer zorn./
versůenen als Ew wol an stat.
daz/ Jr zu jm hinaus gat.
Es solt veste/ hertz sein.
da Er gesach den schaden sein /   1490
der Jm von Ew geschehen was.
Wår/ es als ein Adamas.
Es wurde wenig/ von seiner klage.
Nu gelaube mir/ daz Jch dir sage.
sein schade wirt vil-/leicht mere.   1495
Er wachet mein herre./
wirdt Er sein ÿnnen.
so kumet Er/ nÿmmer von hinnen.
von dannen/ far er seÿ Er ein weÿser man.

Dô gienc diu maget guote   1465
mit trûregem muote
wider zuo ir vrouwen.
ir sigen an die mouwen
die zeher unde ûf die hande.
sî klagete gote die schande,   1470
die ir vrouwe tuon wolde.
doch tete sî, als sî solde,
wan er sie des hâte gebeten.
sî quam vil sanfte getreten
vür daz bette, dâ sî was.   1475
daz deckelachens ûf las
unt ruorte ir sanfte die hant.
als schiere sôs ir dô enpfant,
sî sprach: ,wannen kumest dû?
oder waz wilt dû aber nû?'   1480
,vrouwe, ich bin aber sîn bote
unt wil iuch biten bî dem gote,
der iu gap sêle unde lîp,
daz ir êret elliu wîp.
lât in sus niht hân verlorn!   1485
ir müget unser drîer zorn
versüenen, alse iu ane stât,
daz ir zuo zim ûz gât.
swie veste ein herze waere,
obe ez saehe den schaden swaere,   1490
der im von iu geschehen was –
unt waere ez als ein adamas,
ez würde weich von sîner klage.'
,Nû geloube mir, daz ich dir sage:
sîns schaden wirt lîhte mêre: 1495
erwachet mîn hêre
unt wirt er sîn inne,
sô kumt er nimmer hinnen.
von diu, sî er ein wîser man,

ab weg/ als Er kan./ 1500
   Du waÿst nicht was du/ schaffest.
wann daz du/ dich selber affest.
thů dein-/en mund zů.
jch wil slaffñ/ vntz frůe.
Vmb sÿ sich kerte. 1505
als Sÿ/ Jr zorn lerte.
vnd geparte als Sÿ slieffe./
da erseůffte vil tieffe.
die maget vnd/ bewainet ditz laÿd.
stille schweigend/ Sÿ do schrait. 1510
vnd prān ein liecht in/ einem glas.
das alle nacht da was./
do begunde auch jn verlangen.
Er/ was nach Jr gegangen.
zu der tůre/ vnd paitet bis Sÿ kam. 1515
als Er die/ mår vernam.
da ward sein hertze in/ rewen.
Vnd sprach ÿedoch mit trewen./
fraw ich wil Euch got ergeben.
mir/ ist vnmere vmb das leben. 1520
Nu wil/ auch ichs verliesen hie.
jch entsprich/ selbs wider Sÿe.
Ich wil darÿnn zu/ jm gan.
Vnd vernemen was ich hab/ getan./
   An die tůre Er seer druckte./ 1525
auf hôher Er Sÿ rugkte./
vnd gieng vast drate.
in/ die kemmenate.
recht als ich Ew/ sagen wil.
Er was gezieret nicht zu/ vil. 1530
jn hetten slege also gemůt.
daz jm/ vor der Stirnnen das plůt.
fur die/ augen was gegangen.
vnd an die/ prawen gehangen.

vare er abe wege, alse er quan.   1500
dû weist niht, waz dû klaffest,
wan dû dich selben affest.
nû tuo dînen munt zuo:
ich wil slâfen unz vruo.'
umbe sî sich kêrte,   1505
alse sie ir zorn lêrte,
unt gebârte, alse sî sliefe.
dô ersûfte vil tiefe
diu maget unt weinde ditze leit.
stille swîgendes dannen schreit.   1510

Dô begunde ouch in erlangen.   *1513*
er was nâch ir gegangen   *1514*
zer tür unt beite, biz sî quam.   *1515*
alse er diu maere vernam,   *1516*
dô wart sîn herze rouwen,   1515   *1517*
unt sprach iedoch mit trouwen: *1518*
,vrouwe, ich wil mich gote ergeben.   *1519*
mir ist unmaere daz leben.   *1520*
nû wil ouch ichz verliesen hie,   *1521*
ich enspreche selbe wider sie.   1520   *1522*
ich wil dar în zuo zir gân   *1523*
unt vernemen, waz ich habe getân.'   *1524*
An die tür er sêre dructe,   *1525*
ûf hôher er sie ructe   *1526*
unt gienc harte drâte   1525   *1527*
in die kemenâte.   *1528*
nû bran ein lieht in einem glas,   *1511*
daz alle naht dâ inne was.   1528   *1512*

in hâten slege alsô gemuot,   1531
daz im von der stirne daz bluot
vür diu ougen was gegangen
unde an die brân gehangen.

da sach er aus/ mit zorne. 1535
der frumb wolgeborne./
als ein lewe nach der speÿse.
Er slich/ vast leÿse.
da slieffen Sÿ baide.
dem/ Grauen was vil laÿde. 1540
geschehen vnd/ lag als ein man.
der von sorgen/ nicht růen kan..
vil dicke erschrickte./
daz Er aufplickte.
Wann Er sůnst [5ᵛa] mit gedancken rang. 1545
darnach slief/ Er ѵ̌ber lanng.
vnlange tet Er das./
Herr Mauritius gieng fůrbas./
seiner hosen aine.
an dem gerechten/ paine. 1550
erklang auf den Estrich.
da/ sach der Graue ѵ̌bersich.
vnd erschrac-/ke vnd mit munde.
kainen segen Er/ kunde.
mit zittern er gemachet./ 1555
daz auch die fraw erwachet.
sein/ wammes was zerprochen.
durch/ slagen vnd durchstochen.
plůtig/ vnd verhawen.
der herre sprach zu/ der frawen. 1560
Vnns ist der teůfl nahend/ beÿ.
wannen Er herkomen seÿ.
oder/ das wuetende heer.
Es seÿ oder nit/ daz vnns got ner.
so verliesen wir/ den leib. 1565
Er vorchte jm harter denn sein/ weÿb.
Sÿ bekannt den helt so.
der gra-/fe sprach wer geet da./
    Das wil ich Euch gern sagen./

dô sach er in sînem zorne   1535
der vrume wol geborne
alse ein lewe nâch der spîse.
er sleich harte lîse,
dâ sie sliefen beide.
dem grâven was vil leide;   1540
alse ein rouwec man er lac,
der vor sorgen slâfen niht enmac.
vil dicke er erschricte,
daz er ûf blicte,
wan er sus mit gedanken ranc.   1545
dar nâch slief er über lanc.
unlange tete er daz.
her Maurîcius gienc vürbaz.
sîn wambes was zerbrochen,   *1557*
durchslagen unde durchstochen,   1550   *1558*
bluotec unt verhouwen;   *1559*
der hêre trat zer vrouwen;   *1560*
sîner hosen eine   *1549*
an dem gerehten beine   *1550*
erklanc ûf den esterich.   1555   *1551*
dô sach der grâve über sich;   *1552*
er erschrac unt mit dem munde   *1553*
keinen segen er sprechen kunde;   *1554*
mit zêter er gemachte,   *1555*
daz ouch diu vrouwe erwachte: 1560   *1556*
,uns ist der tiuvel nâhen bî,
swannen er her bekomen sî,
oder daz wüetende here.
ez ensî daz uns got nere,
sô verliesen wir den lîp.'   1565
er vorhte im harter dan sîn wîp;
sî bekande den helt sâ.
der grâve sprach: ,wer gât dâ ?'
,Daz wil ich iu gerne sagen:

das ist der den Jr habt ersla-/gen.   1570
Jr mûest mein gesel-/le.
ymmer ze helle.
des ist kain rat./
seÿdt jr mich dar gefrûmmet habt./
der wirt von der vorchte erschrack./   1575
vnd sprang auf da er lag.
als jm ditz/ wunder erschain.
Vnd stiesse sich an/ ein schinpain.
daz Er alle die nacht./
lag in seiner anmacht.   1580
als ditz der/ Ritter gesach.
Er gieng zu dem pete vnd/ sprach.
ditz pete ist halbes lâre.
Jch/ wayss wer hie were.
Ich wil gerûen/ heran.   1585
das decklach legt Er dan.
Er slof/ zu Jr hinunder.
das was ein michel/ wunder.
daz Sÿ jn wist an der not.
Jr/ man lebete oder wer todt.   1590
Sÿ getorste/ zu jm nicht komen.
Ir het der benom-/en.
bede witz vnd sÿnn.
Yedoch sprach/ Sÿ wider jn./
  Ir seyt der küenest man.   1595
des Jch ye kun-/de gewan.
daz Jrs so tewre waget.
Jr/ het nicht gefraget.
ob ich es wolte oder/ nicht.
jch wâne ein wunder hie geschi-/cht.   1600
da man ÿmmer von sagete.
bis/ der jûngst tag tagete.
Sÿ gedacht es/ ist kain rat.
seydt es sich gefûeget hat./

daz ist den ir hât erslagen.   1570
ir müezet mîn geselle
immer sîn ze helle,
des enist dehein rât,
sît ir mich dar gevrumet hât.'
der wirt vor vorhten erschrac   1575
unt spranc ûf, dâ er lac,
dô im ditz wunder erschein,
unt stiez sich an ein schinebein,
daz er alle die naht
lac in sîner âmaht.   1580
   Alse ditz der ritter gesach,
er gienc zem bette unde sprach:
,ditz bette ist halbez laere:
ichn weiz wer hie waere,
ich wil hie geruowen an.'   1585
daz deckelachen tete er dan,
er slouf zuo ir hinunder.
daz was ein michel wunder,
sî enwiste an dirre nôt,
ir man lebete od waere tôt.   1590
sî getorste zuo im niht komen;
ir hâte der vreche benomen
beide witze unde sin;
iedoch sprach sî wider in:
,ir sît der küeneste man,   1595
des ich ie kunde gewan,
daz irz sô tiure wâget.
ir hât niht gevrâget,
obe ich ez wolde oder niht.
ich waene ein wunder hie geschiht,   1600
dâ von man ie mêre saget,
biz der jüngeste tac betaget.'
sî gedâhte: ,ez ist kein rât,
sît ez sich sô gevüeget hât:

Ich mûss nu tûn vnd lan. 1605
was Er mit/ mir wil began.
Nu leyd ich gûetliche/
daz jm sein zorn entweiche.
Sÿ kusten/ vnd küssten aber.
kain antwurt gab/ Er. 1610
wes Sÿ jn gefragete.
als Sÿ des be-/tragete.
Sy begriff jn mit den Armen./
Nu begunde er auch zu erwarmen./
vnd tet der frawen ich waÿss nit was./ 1615
was hulffes Euch saget ich das.
Es/ ist sûnst also gût.
Jr wisset wol was/ man thuet.
also tetten Sÿ auch hie./
Zu handt als ditz ergie. 1620
aufstuend/ der weÿgant.
vnd nam von seiner/ weÿssen handt.
ein Vingerlin drate./
das Sÿ jm gegeben hate.
Er sprach/ nemet wider Ewr golt. 1625
jch wil Euch/ nÿmmer werden holt.
Ir seÿdt vnuer-/wissen.
Jch het mich ye geflissen.
was/ jch gedienen kunde.
daz jch Euch des/ wol gunde. 1630
bis heinacht an dise Zeit./
wêrn alle weÿb als Jr seydt.
jch gedie-/net Jr kainer nÿmmerme.
Nu [5ᵛb] Zu Ewrem man dem ist wee.
Vnd/ habt den an Eere. 1635
jch vergilte Ew nÿm-/mermere.
disen lasterbaren raub./
also nam Er vrlaub.
Vnd fûro seÿdt/ dicker vnd me.

ich muoz nû tuon unde lân,   1605
swaz er mit mir wil begân.
nû lîde ichz guotlîche,
daz im sîn zorn entwîche.'
sî kuste in unde kuste in aber.
dehein antwurt engab er,   1610
swes sî in gevrâgete.
alse sie des beträgete,
sî begreif in mit den armen.
nû begunde ouch er erwarmen
unde tete der vrouwen ichn weiz waz.   1615
waz hulfe ez, sagete ich iu daz ?
ez ist ungesaget alsô guot,
ir wizzet wol, waz man dâ tuot:
alsô tâten sie ouch hie.

  Zehant dô ditz spil ergie,   1620
ûf stuont der wîgant
unt nam von sîner wîzen hant
ein vingerlîn drâte,
daz sî im gegeben hâte.
er sprach: ‚nemet wider iuwer golt,   1625
ich wil iu nimmer werden holt.
ir sît unverwizzen!
ich hâte mich ie gevlizzen,
swaz ich gedienen kunde,
daz ich iu des wol gunde,   1630
unz hînaht an dise zît.
waeren alliu wîp alse ir sît,
ichn gediende ir keiner nimmer mê.
nû ziuwerm manne (dem ist wê)
unt habet den gief âne êre!   1635
ich vergilte iu nimmer mêre
disen lasterbaeren roup.'

  Alsô nam er urloup
unt vuor sît dicker unde mê,

danne Er daruor tete/ Ee.   1640
darumb Sÿ des mûete.
mit ma-/niger slachte gûete.
Er kauffte lob/ vnd Eere.
da geraw es Sÿ vilsere.
da/ man sein wort so wol sprach.   1645
daz Jm/ ÿe laÿd von Jr geschach.
vnd gieng jr/ so nahen.
daz wol die leûte sahen.
vnd/ machten alle garwe.
des wandel nam/ Jr varbe.   1650
Sÿ gedacht es ist recht vnd/ wol.
daz Jch von kumber schulden dol./
von grosser lieb doll ich laÿd.
darumb/ trag ich arbait.
die jch mir selber ge-/wan.   1655
solt jch wûnschen einen man./
ÿmmerzu meinem leÿbe.
wie môcht/ Er dann weÿbe.
sein rechter vnd bas ge-/tan.
dann Er ist den ich verloren han./   1660
vmb des wil ich flûchen der zeit.
da/ mich mein vnrechter streÿt.
an streÿt/ vntz Er mich ꝟberwant.
Ich han mich/ selbs geschandt.
des schaden wurd gût/ rat.   1665
jch bin die den schaden hat.
alle die/ weÿle so ich lebe.
Es seÿ dann daz mir/ got gebe.
das haÿl vnd die sÿnne.
daz Er/ mich von hertzen mÿnne.   1670
das merckte/ die junckfraw wol.
vnd tet nicht als/ man sol.
wann dem manne missegat./
wer dann helffe vnd rat.

danne er tete dâ vor ê,   1640
dô er umbe sie sich muote.
mit maneger slahte guote
er koufte lop und êre.
dô gerou ez sie vil sêre,
sît man im sô wol gesprach,   1645
daz im ie leit von ir geschach,
unt gienc ir sô nâhen,
daz wol die liute sâhen
unt marcten alle garwe,
dazs wandel nam ir varwe.   1650
sî gedâhte: ,ez ist reht unde wol,
daz ich von schulden kumber dol.
vür grôze liebe dol ich leit.
dar umbe trage ich arbeit,
die ich mir selbe gewan.   1655
solde ich aber wünschen einen man
ze vriunde mînem lîbe,
wie möhte er danne wîbe
sîn rehter unde baz geborn,
danne den ich hân verlorn?   1660
des wil ich vluochen der zît,
dô mich mîn unrehter strît
ane streit, unz er mich überwant;
ich hân mich selben geschant.
des schaden würde guot rât: 1665
ich binz, diu die schande hât
al die wîle, sô ich lebe,
ez ensî, daz mir got gebe
daz heil unde die sinne,
daz er mich von herzen minne.   1670
daz marcte diu juncvrouwe,
unt tete niht wan in trouwen.
sô dem manne missegât,
swer danne helfe unde rât

an seinem/ frundt keret. 1675
wie der sich selbes Eeret./
Wann rat ist besser in der zeit.
dann/ helffen so der man geleit./
  Ditz was in der stunde.
da/ es Sůmmern begunde./ 1680
die vögl in dem walde./
laute vnd balde.
sungen/ manige stÿmme.
die rosen vnd die/ průnne.
plůeten alle wider streÿt./ 1685
Es was recht an der zeit.
so man vnfreů-/de hasset.
sich het geuasset.
der wald vnd/ schőne klaÿd.
gegen dem Summer an-/gelaÿt. 1690
die laub grůene vnd darunder/ gras.
daz es schőn gemicset was.
mit/ maniger hannde pluede.
ditz macht/ gůt gemůte.
Wer an freůde hat ge-/danck. 1695
Vnd auch der Vogl sůess gesang./
  Frůe an einem morgen./
da mochte Sÿ von sorgen./
geslaffen noch geligen da./
die fraw stuend auf sa./ 1700
da gieng Sÿ durch jr trawrn.
da ůber/ die Burgkmaůrn.
ein laube was ge-/hangen.
da kam Sÿ ainig gegangen./
in ein venster Sÿ gestůnd. 1705
als senende/ weÿb offt thůnd.
den laÿd von liebe ist/ geschehen.
die můs man trawrende/ sehen.
Also was es ergan.

an sînen vriunt kêret,   1675
wie der sich selben êret!
wan rât ist bezzer enzît
dan helfen, sô der man gelît.'
   Ditz was an der stunde
dô ez sumeren begunde.   1680
diu vogelîn in dem walde
lûte unde balde
sungen maneger stimme;
die rôsen unde die brimme
bluoten alle widerstrît: 1685
ez was rehte an der zît,
dô man unvröude hazzet;
sich hâte aber gevazzet
der walt unde schoeniu kleit
gegen dem sumer ane geleit;   1690
diu louber grüene, darunder gras,
daz schône gemuoset was
mit maneger hande blüete:
ditz machet guot gemüete,
swer an vröude hât gedanc,   1695
unde ouch der vogele süezer sanc.
   Vruo an einem morgen
dô sî enmohte vor sorgen
geslâfen noch vor rouwen,
ûf stuont diu vrouwe.   1700
dô gienc sî durch ir trûre,
dâ über die burcmûre
ein loube was gehangen;
dar quam sî eine gegangen.
in ein venster sî gestuont,   1705
als senendiu wîp dicke tuont,
den leit von liebe ist geschehen;
diu muoz man trûrende sehen.
alsô was ez ir ergân.

Jr weÿsse/ hanndt wolgetan.   1710
leget Sÿ an das/ wannge.
vnd loste zů dem Vogl gesange./
da sang vil wol die nachtigal.
Sy/ sprach wol in der leben sal.
Mit freů-/den als ich tette.   1715
ob ich mirs gestattet/ hette.
Nu můs ÿmmermere.
mit/ grossem schaden an Eere.
mein jug-/ent versleissen.
wem sol jch das nu/ weÿsen.   1720
daz ich hinfůr vergebenne.
[5ᵛc] einem todtlichen lebenne.
můss sein/ berait vnd vnndertan.
des gund/ mir von dem sol ichs han.
das můss/ got sein geklaget.   1725
Nu was die junck-/fraw jr maget.
gleich auch durch/ panck dar.
vnd hort jr frawen klage/ gar.
Wie schuldig Sy wår.
Sÿ můet/ noch jr swår.   1730
daz Sÿ da mocht nicht/ gesteen.
vnd wolte wider in geen.
Jr/ Clage was so iåmmerlich.
da sach die/ fraw hindersich.
Vnd sprach zu/ hanndt wider sẏe.   1735
bistu dhein weÿl/ hie.
Ja ich han es gar vernomen./
daz Ew ist in das hertze komen.
das/ můet vnd ist mir laÿd.
jch saget Euch/ ye die warhait.   1740
da mochte ich des ge-/lauben nit.
so wisset doch daz Jch es/ Ew riedt.
Ja ich waÿss rechte.
der mich/ fro måchte.

ir wîze hant wol getân 1710
leites an daz wange
unt loste dem vogelsange:
dô sanc vil wol diu nahtigal.
sî sprach: ‚wol in, der leben sal
mit vröuden, alse ich taete, 1715
obe ich mirz gestatet haete.
nû muoz ich immer mêre
mit grôzem schaden ane êre
mîne jugent verslîzen.
wem sal ich daz nû wîzen, 1720
daz ich hinvür vergebene
einem tôtlichen lebene
muoz sîn bereit unde undertân?
des gunde mir von dem ichz hân.
daz muoz gote sîn geklaget.' 1725
    Nû was diu juncvrouwe, ir maget,
geslichen ouch durch baneken dar
unt hôrte ir vrouwen klage gar.
swie schuldec sî waere,
sie muote iedoch ir swaere, 1730
daz sî dâ mohte niht gestân
unt wolde wider în gân;
ir klage was sô jâmerlich.
dô sach diu vrouwe hinder sich
unt sprach zehant wider sie: 1735
‚bistû deheine wîle hie?'
‚jâ. ich hân ez gar vernomen
daz iu ist in daz herze komen
daz müejet mich unde ist mir leit.
ich sagete iu ê die wârheit: 1740
dô mohtet ir des gelouben niet;
sô wizzet doch, daz ichz iu riet.'
‚jâ, ich weiz, entrouwen,
der mich eine möhte vrouwen,

der schwenndet seine sůnde./   1745
also stille des meres grunde.
Ich mag/ aber nÿmmer werden fro.
Es fůege/ sich mir dann noch.
daz Er mich noch/ fro gesetze.
vnd auch mir guete ergetze./   1750
von dem ich diesen kumber trage.
baide/ nacht vnd tage.
mich rewet daz ich jn/ ye gesach.
von mir kain vngemach./
die reẘ kumet zuspat.   1755
het ich deinem/ rate.
geuolget das wêr mir gůt.
wer/ an Rat dick thuet.
nach seinem willñ/ fursich.
den gerewet es als mich.   1760
nu/ rewet mich annders nichtzit.
jch wên/ daz der weÿber strit.
Ze rechte vor solte/ gan.
dauon jch disen schaden han.
Nu/ ist das recht an mir geprochen.   1765
Er/ hat sich an mir gerochen.
damit daz/ Er mich meÿdet.
mein hertz kumber/ leÿdet.
vnd not bis an mein ennde./
an ditz gestrackt gepende.   1770
bin ich von/ schulden geuallen.
Vnd da rat ich jn/ allen.
wer stettikliche mÿnne.
hinfůr/ begÿnne.
daz der an meinen kumber/ sehe.   1775
Vnd hewt als einem alsame/ geschehe.
Nu lasset dise rede varn./
teůchte jung oder Arn.
wer darÿnne/ wil tichten.

der swendet mîne sünde, 1745
alse er stillet des meres ünde.
ichn mac nimmer werden vrô,
ez envüege sich mir sô,
daz er mich noch vrô gesetze
unde ouch mit güete ergetze, 1750
von dem ich disen kumber trage
beide naht unde tage.
mich rouwet, daz im ie geschach
von mir dehein ungemach;
diu rouwe kumet ze spâte. 1755
haete ich dînem râte
gevolget, daz waere guot.
swer âne rât tücke tuot
nâch sînem willen vür sich,
den gerouwet alse mich. 1760
ich wânde zallen zîten
daz der wîbe strîten
ze rehte vür solde gân.
dâ von ich disen schaden hân.
nû ist daz reht von mir gebrochen: 1765
er hât sich an mir gerochen
dâ mite, daz er mich mîdet.
mîn herze kumber lîdet
unt nôt unz an mîn ende.
gestrict an ditz gebende 1770
bin ich von schulden gevallen.
von diu râte ich iu allen,
swer staeteclîcher minne
hinnen vür beginne,
daz der an mînen kumber sehe 1775
unt hüete, daz im alsam geschehe.'
    Nû lâzen dise rede varn.
tiuschiu zunge diu ist arn:
swer dar inne wil tihten,

sol die rede richten.   1780
so mûs/ Er wort spalten.
vnd zwaÿ zusamen/ valten.
das tette jch gern kûnde ich das./
meisterlicher vnd bas.

sal er die rîme rihten,   1780
sô muoz er wort spalten
oder zwei zesamene valten.
daz taete ich gerne, künde ich daz,
meisterlîcher unde baz.

Literatur

Zur handschriftlichen Überlieferung:

Der ‚Moriz von Craûn' ist in der berühmten Ambraser Pergamenthandschrift (Nationalbibliothek zu Wien Nr. 118) als zweites Denkmal auf Blatt 2va-5^{vc} überliefert.

Über den Inhalt der Ambraser Hs. und über ihren Schreiber Hans Ried hat zuletzt und am ausführlichsten Leitzmann, Beitr. 59 (1935), S. 143ff., gehandelt. Dort ältere Literatur.

Ausgaben:

1. Ritter Mauritius von Erun und Gräfinn Beamunt, hg. v. H. F. Maßmann, Neues Jb. d. Berlin. Gesellsch. f. Dtsch. Sprache u. Alterthumskunde (Germania), hg. v. Fr. H. von der Hagen, Bd. 9, Berlin 1850, S. 103–135. (Über d. Text: „Mauritius unde Beamunt".)

2. Moriz von Craon. Eine altdeutsche Erzählung. Hg. v. M. Haupt. Festgaben für Gustav Homeyer. Berlin 1871, S. 27–89; Sonderdruck 63 S. Dazu: Bech (‚Zur neuesten Ausgabe von Maurizius und Beamunt'), Germania 17 (1872), S. 170–177.

3. Zwei altdeutsche Rittermären. Moriz von Craon. Peter von Staufenberg. Neu hg. v. Edward Schröder.
   1. Aufl. Berlin 1894, LII, 103 S.
   2. Aufl. Berlin 1913, 152 S.
   3. Aufl. Berlin 1920, VIII, 92 S.
   4. Aufl. Berlin 1929, XII, 94 S.
   Zur 1. Aufl.: Bech, ZfdPh. 29 (1897), S. 165–170; Ludw. Fränkel, Zs. d. Ver. f. Volksk. 5 (1896), S. 463; [E. Henrici] Jahresber. f. germ. Phil. 16 (1894), S. 244; Leitzmann, ZfdPh. 28 (1896), S. 260f.; Gaston Paris, s. u.; Schönbach, Österreichisches Literaturblatt 1895, S. 52–54; Wilmanns, Gött. Gel.

Anz. 1895, S. 405–416; Wechsaler, Rom. Jahresber. IV, 2, S. 404f.; außerdem: Literar. Centralblatt 1895, S. 577f.; Revue critique des livres nouveaux 29 (1895), S. 23; vgl. Jahresber. f. germ. Phil. 17 (1895). Zur 2. Aufl.: Helm, Jahresber. f. germ. Phil. 35 (1913), S. 126f.; Schröder, GRM 5 (1913), S. 622f. (Selbstanzeige).

4. Moriz von Crâûn. Manuskriptdruck. Unter Mitwirkung von Erich Henschel und Karl Stackmann herausgegeben von Richard Kienast und Ulrich Pretzel o. O. u. o. J. [1948].

Zur Textkritik:

Schröder, ZfdA. 38 (1894), S. 95–105; derselbe, ebd. 43 (1899), S. 257–264; in diesem Aufsatz werden auch die Seminararbeiten zweier Schüler von Schröder und Roethe erwähnt: von H. Wilhelmi und W. Bortfeldt; Schröder, ZfdA. 56 (1919), S. 288; Wallner, ZfdA. 56 (1918), S. 132 –135; John L. Campion, Randglossen zum Moriz von Craon, Studies in honor of Hermann Collitz, Baltimore 1930, S. 203—206. Über sprachliche Eigentümlichkeiten der Hs., bes. ihren Wortersatz, s. Leitzmann, Beitr. 59 (1935), S. 200ff.

Zur Sprache:

Wilmanns Gött. Gel. Anz. 1895, S. 412 ff.; Zwierzina, ZfdA. 44 (1900), S. 2, 40, 63, 68, 105, 284, 348, 358. Ders., ZfdA. 45 (1901), S. 22, 23, 32, 37, 40, 43, 44, 61f., 62, 68, 72, 73, 78, 81, 82, 94, 95, 96.

Zu Stil und Reimkunst:

Friedrich Wahnschaffe. Die syntakt. Bedeutung des mhd. Enjambements (Palaestra 132) Berl. 1910, S. 25, 108; Emil Walker. Der Monolog im höfischen Epos (Tüb. Germ. Arbeiten, 5. Bd.) Stuttg. 1928, S. 123ff. Baesecke, ZfdPh. 52 (1927), S. 15–17; K. Galabov, Reimtechnik in „Moriz von Craun", Annuaire de l'université de Sofia, Fac. hist.-philolog. Tome XXII (1926). 4 (Haupttext bulgarisch, deutsche Zusammenfassung S. 101–105).

Literaturgeschichten u. ä.:

Goedeke, Grundriß z. Gesch. d. dtsch. Dichtg I² (1884),
S. 88; Scherer, Gesch. d. dtsch. Lit.¹⁶, S. 151f.; Rosen-
hagen, Die dtsch. Lit. d. Mas., Verfasserlexikon III,
Sp. 432—434; Golther, Gesch. d. dtsch. Lit. I (Kürschners
Dtsch. Nat.lit. Bd. 163), S. 208f.; Golther, Die dtsch.
Dichtg im Ma., Stuttgart 1912, S. 265—267; Schwietering,
Dtsch. Dichtg. d. Mas., Potsdam o. J., S. 147f.; Ehris-
mann, Gesch. d. dtsch. Lit. bis zum Ausgang des Mas.,
II, 2,1 München 1927, S. 127—132; Vogt, Gesch. d. mhd.
Lit.³, Berlin 1922, S. 209f.; Herm. Schneider, Helden-
dichtg., Geistlichendichtg., Ritterdichtg., 1. Aufl. Heidel-
berg 1925, S. 259f., 2. Aufl. Heidelberg 1943, S. 273f.;
de Boor, Die höf. Lit. (Gesch. d. dtsch. Lit. von Helmut
de Boor und Richard Newald, Bd. 2) München 1952, S.
145—150.

Zur Quellenfrage:

Schröder, Einleitg. zur 1. und 2. Aufl. der Ausg.;
AfdA. 20 (1894), S. 407f. (zu: Bertrand de Broussillon: La
maison de Craon 1050—1480, Etude historique accompagnée
du cartulaire de Craon etc., Paris 1893, 2 voll.; Bd. I, S. 71—
120 über Moriz II); Gaston Paris, Rom. 23, S. 466—
474; Martin, ZfdA. 36 (1892), S. 203f., vgl. schon Mar-
tin, Zur Gralsage, Straßburg 1880 (QF. 42), S. 28, Anm.;
Singer, Zs. f. Rom. Phil. 33, S. 7333; bes.: Rosenhagen,
Deutsches und Französisches in d. mhd. Märe ‚Moriz von
Craun‘, DtVjS. (1924), S. 725—815; Franz Rolf Schröder,
Zum Moriz v. C., GRM. 35 (1954), S. 337—340.

Verschiedenes Literaturgeschichtliches und Stilgeschicht-
liches:

Wilh. Scherer an Müllenhoff, 9. Aug. 1871, Briefwechsel
S. 437f.; R. M. Meyer, ADB 35, S. 670 s. v. Steinach,
Bligger von; ders., ZfdA. 39 (1895), S. 310—326; Schwiete-
ring, Die Demutsformel mhd. Dichter, Abh. d. Kgl. Ges. d.
Wiss. zu Göttingen, phil.-histor. Kl. N. F. 17 (1921), 3, S. 48,
68; Schröder, Der Dichter des dtsch. ‚Eraclius‘, Sb. d. Bayer.
Akad. d. Wiss., philos.-philolog. u. histor. Klasse, 1924, S. 3;
Schwietering, Typologisches in ma.licher Dichtg., Fest-
schrift für Ehrismann 1925, S. 49—55 (dazu s. Stackmann);

Herm. Weißer, Die dtsch. Novelle im MA., Freiburg 1926,
S. 56f.; Hans Naumann in: H. N. und Günther Müller,
Höf. Kultur, Halle 1929, bes. S. 21ff., 71ff.; Ludw.
Denecke, Ritterdichter und Heidengötter (Form und
Geist 13) Leipzig 1930, S. 102–105; Karl Korn, Studien
über ‚Freude und Trûren' (Von dtsch. Poeterey, Bd. 12),
Lpz. 1932, S. 60f.; Hans Schreiber, Studien zum Prolog
in mal. Dichtg., Diss. Bonn 1935, S. 13–16; Schwietering,
Gottfried v. Straßburg u. die Bernhardin. Mystik, Abh.
d. Akad. d. Wiss. Bln. 1943, Phil.-hist. Kl. Nr. 5, S. 17f.;
Hans Spanke, Dtsch. u. franz. Dichtung des Mittelalters,
Stuttg. u. Berl. 1943, S. 64; A. Th. Hatto, Moriz v. Craun,
London Mediaeval Studies 1 (1928), 285-304; Paul Böck-
mann, Formgeschichte der dtsch. Dichtung I, Hamburg
1949, S. 93-96; dazu vgl. Boehlich ZfdPh. 71 (1951/52),
S. 391.

Einzelnes:

Zur Einleitg.: s. bes. Stackmann; die Cliges-Stelle
Chrestiens ist V. 30ff.; zum Motiv des Schiffswagens:
Jac. Grimm, Dtsch. Mythologie⁴ I, S. 214ff., Singer,
ZfdA. 35 (1891), S. 182f., Bolte-Polivka, Anm. zu d.
Kinder- u. Hausmärchen der Brüder Grimm 3 (1918),
S. 272f.; Hennig Brinkmann, Zu Wesen u. Form mittelalt.
Dichtung., Halle 1928, S. 139f.; zur Nero-Episode: Kaiser-
chronik, ed. Maßmann, 3, S. 677–714, ed. Schröder, S. 75,
156, Anm. 1, Jansen Enikel, Weltchronik, ed. Strauch,
S. 449, Anm. 1, Stackmann, S. 59–68; Beziehungen zu
Veldeke: s. Heinr. von Veldeke, ed. Behaghel,
S. CLXXIIIf., CXCVIIIf., CCXXIf.; Heinr. Lichten-
berg, Die Architekturdarstellungen in der mhd. Dichtung
(Forsch. z. dtsch. Sprache u. Dichtg. 4), Münster 1931,
bes. S. 102.

Mehrere Probleme zusammenfassend:

Karl Stackmann, Die mhd. Versnovelle ‚Moriz von
Craun'. Diss. masch. Hamburg 1947. (Gesch. d. Forschung;
Komposition; die verschiedenen Teile d. Einleitung; die
beiden Minnehandlungen; die Schiffs- u. Turnierhandlung;
Datierung, Quelle und Verfasser; Verhältnis zur höfischen
Dichtung; Exkurse.)

Kritischer Apparat

Abkürzungen:

M. = Maßmann. *H.* = Haupt. *Schr.* = Schröder. *He.* =
Henschel. *Ki.* = Kienast. *Pr.* = Pretzel. *Sta.* = Stack-
mann. *Th.* = Thomas.

2 iu *seit H.* mit *fehlt H.* **3** wârlîchem macre *seit M.*
4 waere *seit M.* **5** müeze *seit M.* **8** war *M.H.Pr.*
bequan] hin bequan *Schr.* **9** man *He. Vorschlag:*
zen *oder* ze den Kriechen *(He.Ki.).* **11** hoeret *Pr.He.*
12 dâ] dô *H.* – sît *Pr.*] dâ *H.*, dô *M.Schr. Vorschlag:* doch
statt dâ *(He.).* **13** *Vorschlag:* zen Kriechen *(He.).*
14 kraft] ir kraft *Schr.*[2] **16** dâ] dô *M.* mohte *seit M.*
wol *M.Pr.* **21** Elênus *seit M.* Deiphobus *seit H.*
26 solichez *Pr.* **27** hôchverten *He.* **29** zuo ir here
Pr. 'Heerlager *oder* Heeresmasse'. *Vorschlag: l.* mit *M.*
H.Schr. ze here, *was adverbiell (,massenweise') aufzufassen
wäre, vgl. ,kommet zu Hauf' (Ki.).* **30** widerwere *Pr.*
*(beides, impetus et defensio, wird hier auf die Griechen
bezogen). Vorschlag:* der Kriechen sturm, der Troier
were *(Ki.).* **31** ruowete *Pr.*] rîchet *M.*, ruote *H.*,
reichte *Schr.*[1-3], reichet *Schr.*[4] *Vorschläge: 30/31* der
Kriechen sturm an ir were / reichte nie für wâr *(Bech,
ZfdPh. 29, 165).* – reichet nie ir zil vür wâr *(Ki.).* – rastete
nie vür wâr *(He.).* **32** hâten] herten *H.Schr.*, hieten
M. arbeit *Pr.* jâr *seit M. Vorschlag: l.* mit *Verwendung
von H.s Konjektur* sie hertens alsô manec jâr *(Ki.;* hern
transitiv). – herverten *(He.)* **33** sag(e)te iu *seit H.*] seitiu
ouch *M.* – noch *Pr.* **36** ezn kan *Pr. Vorschlag:* nie-
man künde ez gar geschrîben *(He.).* **37** dâ] dô dâ *M.*
mite *seit Schr.* **39** swaz *seit H.* dâ] dô *M.* **43**
wer(e)ten *seit H.*] warten *M.* – urbor *seit M.* **44** al die
Schr.[4] unde *Pr.* Ector] der küene Ector *M. Vorschlag:*
al die wîl daz Ector *(He.).* **46** dô *Ki.*] als *H. Schr.*
50 Pandarus *seit H.*

51 vâhten *He.Ki.Pr.* 52 offenlîche *Pr. (vgl.* offenlîcher strît *,im offenen Felde'. siehe Lexer, vgl. auch Nib.* 827, 3*)*. *Vorschläge: 51/52* die werten ouch dâ vorne / ir urbor mit zorne *(He.)*. - *52* unde vuoren mit zorne *(Sta.)*. 54 âne *seit M.* 56 swertes] swerters *M.* 57 *Vorschläge: streich* wol *(Ki. Pr.)*; durchspehen *(Pr.);* underscheiden *(Ki.)*. 58 dâ] dô *M. Vorschlag:* möhte: töhte *(He.)*. 59 dâ] dô *M.* wîgande *H.* 59/60 wîgande: landen *verteidigt Leitzmann ZfdPh.* 28, 261. 60 vil *M. Schr.*[3,4] manegem lande *H.* 63 wan] swan *H.Schr.*[1], swanne *Schr.*[3-4] wuoten *Pr.* al ir tage *Pr.*] ime tage *H. Schr.*[1], ir tage *Schr.*[3-4] *(nach Roe.)*. *Vorschlag:* wan sie wielken ez ir tage *(He.)*. 64 dâ] dô *M.H.* stürbe *Schr.*[3] *(nach Roe.)*. 65 vor *Pr.He.* 66 haete *He. Pr.*] hâte *H.Schr.* 67 dô *seit M.* 68 in *He.*] alle *H. Schr.* 69 dô *seit M.* allen *seit H.* 71 grôz *He.* 73 ein *streicht Pr.* 75 war umbe *seit Schr.*[3] *(nach Roe.)*. ichs *seit H.* 76 vrem(e)de *seit Schr.*] broede *H.* 77 *Absatz seit H.* - niht in werde *Pr. Vorschläge:* enmac *für* mac *(Bech, ZfdPh.* 29, 166*)*. - ritterschaft mac niht wert sîn *(He.)*. - ritterschaft enmac niht sîn *oder* mac niht gesîn *(Ki.)*. - ritterschaft muoz unwert sîn *(Th.)*. 78 daz] des *M.* 80 vêhen] vliehen *M.* 82 tetes *Ki.* 83 dô *seit M. Vorschlag:* bedrôz *für* verdrôz *(He.)*. 84 dô *seit M.* 85-93 *faßt H. als Parenthese auf.* 85 umbe *Ki.* 87 unmâzen *seit M.* 88 engalt] enkalt *M.* 90 er mêret unde breitet sich *seit Schr.*[3] *(nach Wallner, ZfdA.* 56, 132*)*. unde breitete sich *M.* unde breitet et sich *H.* er breite ie und breitet sich *Schr.*[1 3] *(nach Roe.)*. 91 wîten after lande *seit Schr. (vgl. ZfdA.* 38,97 *; Leitzmann, ZfdPh.* 28, 261 *lehnt Schr.s Änderung ab)*. wîten in dem lande *M.* wîte ime lande *H. Vorschlag:* after deme lande *(Bech,ZfdPh.* 29, 166*)*. 93 vliehent] vluhen *M.* 94 swaz *seit Schr.*] biz *M.,* unz *H.* 95 den *Ki.* lande] lant *M.H.* 97/98 *Neufassung He.Pr.* - des was ir bôsheit schult / - - - *(98 irrtümlich als fehlend bezeichnet) M.* daz was ir bôsheit schulde. / man zinste (zinset *Schr.*[4]) in, nû gernt sie hulde *H.Schr. Vorschläge:* daz was ir bôsheit vergult / man zinset in, nû gebent sie schult *(Ki.)*. - ir bôsheit sie engulden / nû gebent sie zins von schulden *(He.)*. - Nur 97: daz hâte ir bôsheit verscholt *(He.)*. [99/100 *streicht Pr. als typischen Zusatz von Hans Ried.* 100 *Für* in *der Hs.* in ê *M.* - *Für* müessen Sŷ *der*

Hs. muosens *M.*, müezen si *H.*, muozens/müezens *Schr.*]

101 des *He. Ki.*] von diu *H. Schr.* – möhte *seit H.* ein *He.* 103 dô *seit M.* an krefte *Pr.*] mit krefte *Schr.*[3-4] *Vorschlag:* weder *(He. Ki.) oder* noch *(Th.)* an krefte. 104 an *Pr.* hêrschefte *seit Schr.*[3] 106 mohte *M.* 107 *Vorschlag: streich* diu *(He.).* – *l.* R. diu was m. *(Ki.).* 109 ritterschaft] ritterschefte *H.* – begunnen *seit M.* 110 zehant *streicht Schr.* als *der Hs. streicht M.* 112 *Neufassung Th.* allen *seit H.* 114 dô *seit M.* 115 was *seit M.* 118 elliu *M.*] alliu *H. Schr.* 120 einen *He.* – sîn] sîniu *M. Vorschläge:* rîchez lop *(Ki.) oder* rîche ein lop *(Ki.) für* einen lop. – er ze hant *statt* sîn hant *(Campion).* – ein lop erkôs im sîn hant *(Pr.).* 121 keiner ie mêre *Pr. Vorschläge:* den er *für* daz keiner *(He.).* – der niemer mêre ende hât *(Ki.).* 122 wil] wîle *M. H. Schr.* unde *Pr.* 123 swen *seit M.* 124 gerne daz *seit Schr.*] gernez *M.*, gerne dez *H.* 125 wol *Pr.*] ouch *M.* 126 nû *seit Schr.*[3] *(nach Roe.).* 128 âne êre] an den êren *M.* leben *He.* 129 lebene *seit M. Vorschlag:* touc *für* sal *(He.).* 130 swendet *He.* vergebene *seit M.* 131 beide] beidiu *M.* 132 diu *He.* 134 unz *Pr.* 135 *Neufassung He. Pr.* 140 swaz *seit M.* üppec *Pr.*] übel *M. Vorschläge:* geriete sîn muot *(He.).* – swaz im ie geriet sîn muot *(Leitzmann, brieflich).* 141 desn mohte *He.*] des enkunde *H.* in *seit M.* 142 ern *Schr.*[4] *(nach Bech, Germania 17, 177. Gegen die Negation Schr., ZfdA. 38, 98).* müese *seit Schr.*] muoste *H.* – mit werken muoserz enden *M.* 143 sich handeln *He. Ki. Pr.* ein *seit Schr.*[3] 143/144 hält *He. für einen Zusatz von Hans Ried.* 144 wîbes *seit M.* 146 allez] alles *M.* 149 wunderte *seit H.* 150 der *fehlt M.*

151 einen *seit M.* 153 welhen] swelhen *M.* 155 ein *der Hs. streicht Ki.* 157 *Parenthese seit H.* 159 *Absatz streichen H. Schr.* 160 des *Pr.* 161 al] alle *M.* 162 ein *fehlt M.* pollier] pulver *M. H. Schr. (Hinter dem* pollier *der Hs. verbirgt sich wahrscheinlich ein medizinisches Spezialwort französischen Ursprungs.)* ein krete *seit H.*] dô krete *M.* 163 inne *Pr.* – wuohs] wüehse *H. Vorschlag:* ime wuohs i. s. m. *(He.).* 164 dô *seit M.* 165 ein bürde harte swaere *seit Schr. (vgl. ZfdA. 38, 98).* 166 swie *seit H.* – lîhte *fehlt M.* – waere *seit Schr. M. faßt die La. der Hs. als Fragesatz.* 167 sider *Ki.*

168 grôze *seit M.*   169 dô *seit M.*   172 er es] erz *M.*
173 im *Ki.*   174 zuo dem *seit Schr.*[2]] zem *M.*, ze dem
H.Schr.[1]   176 unde *fehlt M.* – vor *Pr.* – der *der Hs.*
streicht Leitzmann (brieflich).   177 dô *seit M.* geboten
M.]kündic *Schr. (vgl. ZfdA. 38, 98; dagegen Bech, ZfdPh.*
29, 166), H. folgt der Hs.   179 dar abe *Pr.*   180
Absatz Pr. lîbes grôz ein man *Pr.*   188 *Absatz ge-*
strichen seit M. wunderte *Pr.*   188 ern *Schr.*[4] *(nach Bechs*
Vorschlag Germania 17, 177; dagegen Schr. ZfdA. 38, 98).
190 erlîden *Pr.*   191 boese *seit H.*   *Vorschlag:* übel
gelüste *(He.).*   193 al *M.H.*   *Vorschlag:* unde den
lîp allen hin ze tal *(He.).*   194 der wunder warte er]
dirre wunder *M.*, ander wunder *Schr.*[1] *(nach Roe.),* der
wunder wunder *Schr.*[3,4] *(Ki.) (H.Schr.*[2] *folgen der Hs.).*
warte er *Sta.*   *Vorschlag:* der wunder vander âne zal
(He. Pr.)   195 manec *Pr.* mein *seit Schr.*[2]   *Vor-*
schlag: manigez mort *(Schr.*[2-4], *Apparat;* für einfaches
manigez *Bech, Zfd Ph. 29, 166).*   196 erz *seit M.*   199
dô *seit M.*

201 sîne swaere *seit H.*] sîniu maere *M.*   202 ie *Pr.*
die *der Hs.* streicht *Schr. (vgl. ZfdA. 38, 98).*   205
enschaffe *seit Schr.*[3] *(nach Bech, Germania 17, 177).*
206 mînen *H.*   207 swer *seit H.* – hilfet] hulfe *M.* – mîniu
M.Schr.[4]] mîn *H.Schr.*[1-3]   208 gibe *seit H.*] gaebe *M.*
des mîn *He.*] die *Schr.*[1] *(vgl. ZfdA. 38, 97),* des *Schr.*[2-4]
211 wil tuon *He.*] mache *M.H.*, wil machen *Schr.*   212
dô *seit M.* sich *der Hs.* gestrichen *seit M.*   214 alse] alsô
Schr. der künec] der künec Nêre *M.*   216 dô *seit M.*
217 das *der Hs.* streicht *Pr.* strâze *H.*] strâzen *M.Schr.*
218 die grôzen unmâze (-en *M.*) *M.H.*] die grôzen eben-
unmâzen *Schr. (vgl. zur schwachen Flexion ZfdA. 38, 98).*
Vorschlag: die selben unmâzen *(He.).*   219 saehe *Pr.*
220 geschaehe *seit M.*   221 *Absatz gestrichen seit H.*
die *He.* (die nôt ist mit ‚Katastrophe‘ oder geradezu mit
‚Feuersbrunst‘, ‚Feuersnot‘ zu übersetzen. Es paßt besser
als das rein formelhafte durch nôt).   222–230 *Bech*
(ZfdPh. 29, 166f.) liest die Stelle 222 bis 230 folgendermaßen:
die frumen lâgen alle tôt / die beidenthalben wâren, /
daz noch in tûsent jâren / gewahset nimir lande / sô
manec man âne schande / als ir an den zîten was; /
noch gesiht sô manic palas / ze rôme nimir dehein man /
ganz alse dô verbran. – *Schr. liest 228/229 noch gesiht*
man manec palas / ze Rôme nimmer ganzen man.

macht danach einen Absatz und liest 230 Sît ir stat alsô
verbran. **224** niht in *seit H. Vorschläge: Schönbach
(Öst.Lbl. 4, 53) will das* noch *der Hs. erhalten.* – nâch
tûsent jâren *(Ki.).* **225** enwuohs *Pr.* in ir *seit M.*
226 mein noch *Pr.* **228-230** *Neufassung Pr.Sta.* – noch
gesiht manc palas / ze Rôme nimmer deheinen man. /
Rôme ganz alsô verbran. *M.* – noch gesihet manec palas /
ze Rôme nimmer keinen man. / ganz sî alsô verbran. *H.* –
noch gesihet manec palas / ganz nimmer dehein man. /
Rôme alsô verbran *(Martin, ZfdA. 36, 204).* **231** *Ab-
satz H.* **232** wan] wande *M.* **233** des *streichen M.
Schr.*[4] **234** ir hôhes *M.*] ir hôhen *H.Schr.* **237** *Ab-
satz gestr. seit H.* – jâmerlîchen] jâmerlichem *M.* **240**
sider Karle *Pr. Vorschlag:* aber Karle mit kr. *(He.Ki.).*
241 twingen *M.Schr. (vgl. ZfdA. 38, 99).* **242** Olivier
seit H.] Oliver *M.* **243** gellen] gesellen *M.H.Schr.*[1]
(vgl. Frauend. 455, 7 und Lesart.). **245** ir *seit H.*
249 ez *He. Vorschlag:* dâ *für* ez *(Ki.).* **250** aller
ir *He.*

251 *Absatz gestrichen seit H.* ezn stuont *Pr.* ie *Pr.
(aus 252 übernommen). Vorschlag:* ezn stât ... noch
(oder nú) baz *(Ki.).* **252** swâ man *Pr.*] dâ ie man
M.H.Schr. (Ki.). Vorschlag: l. ie rittcr *für* man *(He.).*
254 wan diu ir ritterschaft ist *M.Schr.*[3,4]] von diust ir
ritterschaft *H.Schr.*[1,2] **255** sî *seit M.* **256-258**
Parenthese seit H. **256** sît *Schr.*[4] **261** *das erste* da
der Hs. gestrichen seit M. baz in lônct *Pr.*] lônt in baz *M.*,
lônct in *H.*, lônet baz in *Schr.* **261/62** *Leitzmann,
ZfdPh. 28, 261 schließt sich H. an.* **262** danne] baz
dan *H.* – in der werlde *Pr.*] iender *H.*, ni(e)nder *Schr.*
264 kêrte] karte *M.* allen sîn *Schr.*[4]] al sînen *H.* **270**
Vorschläge: was für ist *(He.).* – *270–272 Parenthese (Ki.).*
272 Craûn *seit H.*] Erûn *M.* – man *He.* **273** was dienstes]
was er dienstes *M. Vorschlag: l.* was ir *statt* was *(Cam-
pion).* **275** *Ruth Harvey verweist zur Stützung der hand-
schriftlichen Lesart auf Marie de France. S. auch Naumann,
Höf. Kultur S. 28 und Henschel, PBB. 74, 319. Vor-
schlag:* turnei nemen unde geben *(Roe.).* **276** im *seit
Schr.*[3] **277** an *He.*] âne *M.H.Schr.* was al sîn *Sta.
Vorschlag: l.* umbe lôn *(Campion).* **278** swenn(e) *H.
Schr.*[1,3,4] wand *M.*, swann *Schr.*[2] **280** dô'n *Pr.* wedert-
halp] dewederthalb *Schr. (vgl. Bech, Germania 17, 175f.).*
wederthalben *M.* **281** des lîp ez *seit H.*] ders libes *M,*

Vorschlag: getaete *(He.).* **282** des *der Hs. streicht Pr.*
284 sinne *Ki.* **286** umb *der Hs. gestrichen seit M.* des]
von diu *Schr.* ze prîse] wol ze prîse *H.* **289** sît *Pr.*
290 niht *He. Vorschlag: folge der Hs. (Ki. Sta.).* **293**
swaz *seit H.* in *seit M.* **294** *Neufassung Th.* danne
statt denn *der Hs. H. Schr.*[1] daz ist in aber danne erwert
Schr.[3-4] *(nach Schönbach Öst. Lbl. 4, 53).* Bech *verteidigt*
die hsl. Lesart ZfdPh. 29, 167. Vorschlag: daz lôn ist
aber in danne erwert *(He.).* **295** swer *seit M.* **296**
vil] wie vil *Schr.* dicke *H.* **299/300** *Vorschlag: Vertau-
sche die Verse (He.).* **300** gegert *seit H.*

301 des *Pr.* **302** swaz *seit M.* vor] von *M.* **304**
getuot *Schr.*[4] **305** riuwe *seit M.* **306** unde *Pr.*
ein *seit H. Vorschlag:* wirt er *für* er wirt *(Ki.).* **307**
manec man *Pr. Vorschlag:* maneger man *(He., vgl.*
387). **308** swaz *seit M.* lebendes *seit H.* **309** ez
seit H. **311** sîme (sînem *M. H. Schr.) seit M.* [**312/
13** *streicht Pr., He. Ki. Sta. wollen die Verse in Schr.s
Fassung beibehalten.* **312** *Für* das maynet *der Hs.* des
wânde *H. Schr. Vorschlag: streich* ich *der Hs. (Ki.).*
313 wesen *statt* seyn *der Hs. Schr. (vgl. ZfdA. 38, 99).]*
314 vriste *Pr.* **315** den *Sophie Charlotte Plechl]* einen
H. Schr. - staete *seit H.* **316** danne *seit Schr.*[2]] denne daz
M. taete *seit H.]* tât *M.* **317** alse] sust *M. Vorschlag:
streich* man *(Ki.).* **319** swaz *seit H.* die *der Hs. streicht
Pr.* **320** *Vorschlag:* sîn nôt *für* nôt *(He.).* – ein nôt
(Pr.). **321** *kein Absatz H.* swer *seit H.* die *der Hs.
streicht M., erhalten bei H. und Schr.* **323** ir gluote *Ki.*
325 schanden *Ki.* **326** swaz *seit M.* **327** daz *seit H.*
330 *Ehrismann II 2, 1, S. 131, Anm. 1:* ,Sparen *330 be-
deutet im allg. Opfer bringen, großzügig sein; noblesse
oblige'.* **332** *Parenthese seit H.* **334** ensîn *seit H.*
im *Pr. Vorschlag:* ez ensî in bevile der sinne *(Ki.).*
335 swer *seit M.* **337** ergê *seit M.* **340** bî *Pr.*
wol *Pr.* **341** *Absatz streicht H.* swer *seit H.* sinne *seit
H.* **345** beledet *Schr.*[4] **349** swem *seit H.]* swen *M.*
351 den *seit M.* **352** ander *seit H.]* ander's *M.*
854 *Vorschlag:* oder sîn steln mâze *(He.).* **855** swie
seit M. **856** staetem] staeten *H. Schr.* **857** ez ist]
eist *M. - H. verweist auf Lachmann zu Walther 124, 16.*
358 *Neufassung Pr. - Für* wann es *der Hs.* wanz *M.,* wan
ez *H. Schr. Vorschläge: l.* wan ez im niht staete lieben
mac *(Ki.). l.* leider *statt* lieber *der Hs. (Campion).* **859**

Absatz streicht H. hie *Pr.* **861** vuore *seit H.* **862** diu] daz *M.* guoter *seit M.* minner *Ki.* **868** schande *Pr.* ân(e) *M.Schr.*] an *H. (vgl. Bech ZfdPh. 29, 169; Schr. ZfdA. 38, 99).* schande âne êre: *,etwas Böses (Sünde), Ehrloses.'* *Die folgenden beiden Zeilen sind nur aus dieser Lesart zu verstehen.* **864** biten *Pr.* **864/65** *Vorschlag: ...* daz bekêre sie dâ von unser heilant *(He.).* **868** sie] in *M.* den guoten] der guote *M.* - virre *seit H.*] wirre *M.* **870** niht *Schr.*[4] **872** swer *seit H.* **878** wiht *seit H. Vorschläge: l.* den *statt* die *Pr., schon Campion).* - *l.* wihte *(He.).* **874** *eine Lücke von 2 oder 4 Versen setzte Wilmanns (GGA. 1895, 414f.) an, dem Schr.*[2-4] *folgt. Ki. hat diesen Eingriff als unnötig erkannt.* **874/75** *Vorschlag:* sî *(Frau Irre)* ist aber noch baz gemeine / unde er *(Herr Üppec)* üppiger ... *(He.).* **876** wâ *Pr.* **877** niht *He.Sta. (,,Ich würde nicht einmal, wenn ich Geld bekäme, das tun, wozu mich nie und nimmer jemand bringen könnte, wenn ich dafür auch noch etwas bezahlen sollte').* **878** nie man *seit Schr.*[2] **881** *umgestellt durch He. Vielleicht ist ein* wan *(Pr.Sta.) oder* newan *(Ki.) zu Beginn der Zeile ausgefallen.* **882** des *Pr.* **888** guote *seit H.* **883/84** gilt: schilt *M.* **884** market *seit M.* **886** swer *seit H.* lât *seit H.* **887** *Absatz streicht H.* **888** daz *He.* **889** deheiner *Pr.* **891** der selbe *seit M.* man *M.Schr.* **898** zaldez *Ki.* **894** swenn(e) *seit H.* ich *der Hs. nach 395 gestellt Pr.* - an *Ki.* - vorderlîche] vorderlîcher *Schr. (nach Bech, Germania, 17, 176),* von der *H.* **895** ich *von Pr. aus 394 übernommen.* - oder Er *der Hs. streicht Pr.*] od êre *H.,* oder êre *M.Schr.* **896** würbe êre oder *Pr.Ki. (teilweise nach 395)]* erwürbe rehte (rehtes *H.) M. H.Schr.; Leitzmann, ZfdPh. 28, 261, schließt sich H. an.* **897** *Absatz H.Schr.* reht *Ki.* **898** *Absatz Pr.* kunde sich *seit M.* **408** *Absatz gestrichen seit H.* **404** welte *seit M.* **406** swer *seit H.* **407** sô] sô daz *H.* ez *seit M.* im beste] *Lücke M.,* ime *Schr.*[1], beste *Schr.*[2-4] *(Schr. erwägt* herren tuge *ZfdA. 38, 99).* *Vorschläge:* dâ ez *für* sô ez *He. Ki.* - der diene dâ ez in beiden tüge *(Ki.).* **408** dâ] daz *M.* *Vorschlag:* streich dâ *(Ki.He.).* **409** *Neufassung Pr.* al solhen lôn gebent boesiu wîp *M.* swachen lôn gebent boesiu wîp *H.* vil swache lônent boesiu wîp *Schr. (nach Bech, Germania 17, 176. Schr. bezeichnet* vil swache *im Apparat als ,Notbehelf').* *Vorschläge: für* swelh lôn:

swelhe lône *oder* swaz lône *(Bech, ZfdPh. 29, 167). - l.*
alsolchez lôn gent boesiu wîp *(Ki.).*   **411** den mannen]
dem man *M.* – vil *der Hs. gestrichen seit Schr.*   **414** umbe
seit H. (H. verweist auf seine Anm. zu Erec 2167).   **415**
den *seit M.*   **416** es der *Hs.* streicht *Schr.*⁴] ez *M.*
*H.Schr.*¹⁻³ gedienen *Schr.*⁴   **417** guote *gestrichen seit*
M. Vorschlag: streich her *(He.).*   417/18 staete:hacto
seit M.   **418** swaz *seit M.*   **422** dô *Pr.* zwîvels *seit*
Schr.] zwîveln *M.H. (vgl. Schr., ZfdA. 38, 99).*   **423**
des *Pr.*] dô *M.H.Schr.*   **425** sîne *seit H.*   **426** *die*
Rede beginnt mit alsô *bei M.,* mit mir *seit H.*   **427** zer
werlde *He.*   **428** garwe *He. (vgl. 1649).*   **429** sô
ich] deich *H.*   **431** sô *Pr.*   **432** empfân *He.*   **438**
daz *Pr.*   **440** lône] lônes *H. (vgl. Schr., ZfdA. 38, 99).*
möhte *seit H.*   **443** wan swer *seit H.*   **444** muoz *Pr.*
(schon Campion) – gemaches sich begeben *He.*   **445** *Ab-*
satz gestrichen seit H.   **446** *Doppelpunkt setzt He.*   **447**
swie *seit H.*   **448** es] ez *M.Schr.*¹,² *(vgl. Bech, ZfdPh.*
29, 167).   **449** gedanc] gedanke *M.H.Schr.*¹⁻³   **450**
schirmaere *seit Schr.*

451 deich *H.* tump] tumbe *M.*   **454** sô] alsô *M.*
456 ie *seit H.*   **458** *Vorschlag:* zir *für* ir *(Pr.).*   **460**
ir vrouwen *(von Roe. verteidigt)*] erfreuwen *H. Schr.*
463 *Vorschlag:* vinden sal *für* vinde *(Pr., aus metri-*
schen Gründen).   **466** unz *Pr.*   **469** dan(ne) *seit M.*
müese *M.*] müeze *H.Schr.*   **473** *Absatz streichen H.*
Schr. sîne] sîner *M.*   **476** deste] dester *H.*   **477**
swer *seit H.* aber] alter *Schr.*³,⁴   **478** gewirret *seit M.*
[**481–484** *als Flickverse gestrichen Pr.*   **482** *Für* sorgen
der Hs. sorge *H.*   **484** *Für* mir *der Hs.* mir ie *M. Schr.*
Vorschläge zur handschriftlichen Fassung: 481 daz mîn
herze was âne underlâz *oder* daz mîn senedez herze was
(He.). – 482 sorgen ein vol gevüllet vaz *oder* ein sorgen
vol gevüllet vaz *(Roe.). – 481/482* daz mîn herze sorgen
was / ie ein vol gevüllet vaz *(Ki.). – vgl. zur Stelle Schr.*
ZfdA. 38, 100.]   **485** maget] ein maget *M.*   **486** ist
vor *M.Schr.* vor *streicht H.*   **487** brâhte *seit H.*   **488**
swenne] swann *H.Schr.* – gedâhte *seit H.*   **490** sorgen
*Schr.*⁴] sorge *M.H.Schr.*¹⁻³   [**491/92** *streicht Pr. als Flick-*
verse. H. verweist zu schilling *auf Schmeller 2, 397–401.*
491 *Für* machet *der Hs.* machte *M.* – diu machent ûz ein
iewederem dinc *(Campion).*]   **494** enwelle *Pr. (nach*
Bech, Germania 17, 177).   **496** *Vorschlag: l.* mirs statt

mir *(Campion)*.   **497** enwil *Pr.*   **498** seneden *Roe.*
499 *Vorschläge: l.* doch *(Pr.) oder* noch *(He.) statt* ouch.
501 kumbers *Sta.*   **502** getrôste *seit H.*] getroeste *M.*
505 eines *Pr.*   *Vorschläge: l.* leider *für* eines *(Roe.)*,
leides *für* leider *(He.).*   **507** mê *Ki.*   **509/10** *die*
Neufassung von He. und Pr.   *Vorschläge:* daz mir mîn
dienest giltet zins / zorn herten als ein vlins *(He.). –*
In 510 l. herter *für* herte *(Pr.). –* herten zorn alse ein
vlins *(Ki.).*   **512** *Vorschlag:* wider mich *für* wider sie
(Roe.).   **515** ein *Ki.*   **517** deich *He.* mir] nie *H.*
(vgl. seine Anm. z. St.).   **519** haete ez] haetes *M.*
520 garwe *Roe.*   **523** *Neufassung Pr. – H. folgt der Hs.*
(und verweist zum Fehlen von ich *auf Greg. 1214).* naeme
er danne ir war *M.* ê danne ir *(=* ich ir*)* naeme war *Schr.*
(nach Bech, Germania 17, 176).   *Vorschläge:* naem sam
ê danne ir war *(Wallner, ZfdA. 56, 132). –* ê ich ir aber
naeme war *(Ki.).*   **524** *Absatz seit H.*   **525** *Absatz*
gestrichen seit H.   **528** ûz *seit H.*   **529** diu aber *Roe.*
533 oder] unt *Schr.*⁴   **535** gehabet] habet *H.*   *Vor-*
schlag: streich sie sprach *(He.).*   **537** ir *Pr.*] irz *H.*
Schr. mir *Schr.*⁴   **538** ez *seit M.* vertragen] tragen *M.*,
verdagen *H. (vgl. zur Erklärung von* vertragen *der Hs.*
Schr., ZfdA. 38, 100).   **541** jâ] dô *M. –* sprechet] spre-
chet, ritter *M.*   **542** saelden *seit M.*   **544** küniginne
mîn *Roe.*   **545** anders *Pr.*   **549** enmac noch enkan
seit M.

551 diu *Roe.*   **554** kêret *seit Schr.*] vart *H. -- M.* setzt
Doppelpunkt nach komet, *kein Zeichen hinter* Salerne.
Über die Bedeutung Salernos *s. H. z. St.*   **555** *Vor-*
schlag: l. iu *für* iuwer *(Roe.).*   **555/56** *Vorschlag:* ver-
tausche die beiden Verse *(Ki.).*   **559** *Absatz gestrichen*
H. Schr.   **561** lihte *Pr.*] vrouwe *M.*, wol *Schr.*   **564**
an *der Hs. gestrichen He. Pr.* schâch *seit H.*   **565** un-
willec *(zu* vil dick *verhört) Pr. (,zu meinem Überdruß*
hören muß').   *Vorschläge:* undâre *für* vil dicke *(Roe. ,mit*
Mißbilligung' oder ,schmerzlich'). – vil ze dicke *für* vil
dicke *(Sta.). –* des mich wil dicke gerouwen *(He.). –*
*(... * schâch,*) die ich wil dicke schouwen / m. h. v. ...*
(,du, nach der ich mich sehne') (Ki.). – den ich unbilli-
chen schouwe *(,bei der Prüfung als unbillig, rechtswidrig*
empfinde') (He.).   **567** *Parenthese seit H.*   **571** be-
komen *Ki.*   **573** wie *seit H.*] war *M. –* hinnen *seit Schr.*]
sîn *M. –* solte] sülle *H.*   *Vorschlag:* wâ ich hinnen süle

varn *(He.,* wâ *in der Bedeutung ,wie').* 574 *Vorschlag:*
rîche ode ûz der mâzen arn *(Pr.; Versparung).* 575 *Ab-*
satz streicht H. 576 swie ich niht *H. Roe.*] ob ich niht *M.,*
doch ich niht *Schr.* 577 doch mich *Pr.*] mich doch *M.*
580 ich ius] ichs iu *M.* 581 danne] daz *M.* 587
guoter *seit H.* 588 *Vorschlag:* wart *für* wirt *(He.).*
589/90 *die Neufassung von Pr. Für* dienstes der *Hs. (590)*
dienst ez *M. H. Schr.* 592 ich dîn] ich bin dîn *M.*
595 alsô *Pr. Vorschlag:* tuo nû *(Roe.).* 597 *Absatz*
streichen H. und Schr. – erbeite *seit H.*] rebeit *M.* wes] waz
M. 598 nim *seit H. – M. streicht das* in *der Hs.* 599
eines *Sta.* den eines] der einen *Schr.* ⁴ *Vorschlag:* den
inne(n) *für* den eines *(Roe.).*

600 dazz] deiz *H. Schr. –* alsâ *He.*] sô *M.* 602 *M.*
schließt mîn ritter *durch Kommata ein.* 604 dô *seit M.*
605 *Vorschlag:* e. v. vil kleine *(Roe.).* 607 dazz *M.*]
deiz *H. Schr. Vorschlag: streich* der hant *(Campion).*
608 hern *seit M.* sie ez *seit M.* 609 sîn] sîner *M. H.*
610 wolde *seit H.* 611 dâ *Ki.* 618 *Absatz Pr.*
sâ *Pr.* 616 sûbern *seit H.*] sûber *M. Vorschlag:*
siuberlîchen *(Roe.).* 617 vil minneclîche *Pr. –* sy
der Hs. streichen M. Schr. grosser *der Hs. streicht H.*
(Dagegen Schr., Zfd A. 38. 100. Vgl. auch Leitzmann,
ZfdPh. 28, 261.) 618 ir liebe *Pr. Vorschlag: streich*
an *(He.).* 620 swaz *seit H.* 621 Craûn *seit H.*]
Êrûn *M.* 622 im *He. Ki.* manegen] manige *M. Vor-*
schlag: vil *statt* im *(Roe.).* 623 schrîten *seit M.*
625/26 *Neufassung Pr. (vgl. 706 und 1783).* 626 *H.*
*und Schr.*¹·² *folgen der Hs., M. und Schr.*³·⁴ *lesen* wie
er dô bereite sich. *Vorschlag:* wie wîslîche *(Roe.). –*
wie er sich dar zuo bereite *(He. Ki.).* 630 ûfem *seit*
M. Leitzmann verteidigt die La. der Hs. ZfdPh. 28, 261.
633 grôzen vlîz *Ki.* 634 ê ez *H.*] daz ez *Schr. (vgl.*
ZfdA. 38, 100). ez wart allez bereit *M.* gar *He.* 635
Absatz gestrichen seit H. 636 erdâhte *Roe. (vgl.*
1249/50). Ki., Sta. wollen an der La. der Hs. festhalten.
637 iuz] ez iu M. rehte *Roe. He. Pr. (vgl. 706).* 638
sîn *seit H.* das *der Hs. streicht He.* ein] als ein *M.* 642
bünen *seit Schr. (nach Bech, Germ. 17, 172).* beschiezen]
besliezen *M. H. (zur Rechtfertigung der handschriftlichen*
Lesart vgl. Bech, Germ. 17, 171f.). 643 *Vorschlag:* sâ
zehant *für* zehant *(Pr.).* 645 ûzen *Pr.* dâ noch *Pr.*
648 daz *Ki.* ze wege *He.*] enwec *H. Schr. –* mohte *Ki.*]

solte *M.* [649 *streicht Pr. –* dô *für* da *der Hs. M.H. Schr. –* aldâ *für* also *der Hs. H.Schr.*] 650 *Neufassung Ki.Pr. (aus 650 und 651).* mahte *seit M.* sâ *für* so *der Hs. H.Schr.*

[651 *streicht Pr. –* einen ram *für* eine rame *der Hs. M.*] 652 darûf was ez *Ki.Pr.*] daz was *M.,* diu was *H.Schr.* same *Ki.* 653 ein bû *He.Pr.* küste *Roe.* 654 hôch ûf *Roe.* 657 *Absatz gestrichen seit H.* ze Vlandern *H., Schr.*[1]] ze Vlander *Schr.*[2–4] *(nach Bech, ZfdPh. 29, 167),* hin ze lande *M.* 660 dâ *seit H.*] dar *M.* 661 allez samet *Ki.Pr.*] alsamîtîn *Schr. (vgl. ZfdA. 38, 100; zur Verteidigung der Hs. Bech, ZfdPh. 29, 167).* mit(e) *seit M. Vorschläge: Folge der Hs.(He.). – l.* alsame die innern *für* allez samet *(Schönbach, Öst.Lbl. 4, 56).* 667 tüechenen *M.*] tuochînèn *H.,* truckenen *Schr. (vgl. ZfdA. 38, 100).* 669 zem *M.*] zeim *H. (Schr. verteidigt im Apparat den bestimmten Artikel als sprichwörtlich).* hoeret *Pr.* 671 mit golde *Roe. Für* vil *der Hs. liest* harte *Schr.*[3,4] 672 ensamet dem hôhen maste *Ki.Pr.*] und sante nâchem maste *Schr. Vorschlag:* ensamt dem hôchmaste *(Roe.).* 674 mêrre ruoder] merruoder *M.H. (vgl. Schr., ZfdA. 38, 100f.; dagegen Leitzmann, ZfdPh. 28, 261); vgl. aber Genzmer, Beitr. 67, 71, der Schr. bestätigt.* 675 bî eime schiffe *He. („wie bei einem richtigen Schiff'; vgl. zum Verständnis der Hs. Schr., ZfdA. 38, 101, Anm. 1; Ki. übersetzt den Text der Hs. ,das sah wie das Schiff aus, d. h. es war auch mit Scharlach beschlagen').* 678 sam *Ki. Umstellung Pr.* solde *Pr.* 679 wunderlich] wunderlîchez *Schr.*[3,4] *Vorschlag:* daz wâren wunderlîchiu dinc *(He.).* 682 möhte *seit H.* er *seit M.* 684 truckenem *Schr.*[4]] truck(n)em *H.Schr.*[1–3] 686 verren *seit Schr.*[3] die *He.* 688 diu Mase *seit H.*] daz Mas *M.* 690 von *der Hs.* streicht *He.* 691 gar ein] ein gar *M.* 692 ern vürhte iht *seit H.*] ern vorhte iht *M.* 694 endes *Ki.Pr. („welchen Sinn soll es sonst haben?'). Vorschläge:* durch waz *für* waz endes *(Roe.). –* waz mac enez anderz wesen *(He.).* 695 hie *Pr.* 697 *Absatz gestrichen Sta.* ê *Sta.* nâhete *M.Schr.*] nâhente *H.* 698 *Absatz Sta.* 699 wârens *He.* allesamet *Pr.*

701 marnaere *seit M.* stiure *seit Schr. (nach Bech, Germ. 17, 172f.)*] stiursere *M.H.* 702 nâch sîner govertiure *seit Schr. (nach Bech, Germ. 17, 173)*] nâch sînen guoten waeren *M.,* nâch sînem guote maere *H.* 704

sam *Ernestine Comhaire, Anna Krause*] wande *M.* – in . . .
versneit *Pr.* (*„als ob éin Mann sie ihnen zugeschnitten
hätte'*). **705** er *Pr.* **706** künde *seit Schr.*[4] ich iuz
Pr. gesagen *Pr.* **712** alliu sam *He. Pr.*] alsô *H. Schr.*
Vorschlag: al alsô der mast (*Roe.*). **713** der] den *H.*
713/14 man *von He.* umgestellt, *so daß es im Auftakt von
714 steht.* **714** sâ zehant *H.* (*Zu* baniere *Neutrum vgl.
Schr., ZfdA. 38, 101.*) **717** diu *He. Pr.* (*zu übersetzen:
„die ließ er in ihre Löcher stecken und gleichmäßig aus-
richten'*). **718** gelîche *He. Pr.*] ze gelîchem *M.*, ziege-
lîchem *H. Schr.* *Vorschläge:* vlîzeclîchen *für* ze gleichem
der *Hs.* (*Roe.*). – unt die segel (ûf *He.*) recken *für* gelîche
strecken (*Ki. He.*). **719** diu *seit M.* elliu *M.*] alliu *H. Schr.*
720 wunderlîch *seit H.* **721** siu *Pr.* wan *Pr.* *Vor-
schlag:* durch vrouwen ruon (*Roe.*). **723** *Absatz ge-
strichen H. Schr.* **724** *Vorschlag:* lützel ieman *für* lützel
liute (*He.*). **726** sô danne *He. Pr.*] swan(ne) *H. Schr.*
Vorschlag: statt varn: abe varn, enwec varn, ûz varn
(*He. Ki. Pr.*). **727** zwischen] zwischenn *H.* *Vor-
schlag: streich* den (*Campion*). **728** gerihte *Pr.*] rihte
M. H. Schr. – die *Pr.*] dô *M.* **729** spien *seit H.*] spîste *M.*
731 ûzene *Ki.* sach *Pr.* **732** swaz *Pr.* inne *seit H.*
733 tâtenz *Pr.* **734** sache *seit H.* **736** den *seit M.*
737/38 ane:vane *Schr.*[2,3] **739** *Vorschläge:l.* schilt (*Pr.*)
oder zeichen (*Ki.*) *für* segel. **738/740** *Parenthese?* (*He.*)
740 *Neufassung Ki. Pr.* dô *für* da *der Hs. H.* – *Für* an
dem mast kant *der Hs.* an den mast bant *H. Schr.* **741**
Absatz streichen H. Schr. **742** sie der *Ki.* **743** al-
zoges *seit M.* rehten *Pr.* (*vgl. Erec 7816; Will. 70, 11
u. ö.*). *Vorschlag:* strâze *He.* **746** ze aller zîte] zallem
zîte *M.* *Vorschlag:* ze allen zîten *für* ze aller zîte (*He.*).
747/48 im *aus 747 in den Auftakt von 748 gestellt He.*

752 vergebene *seit H.* **753** rüejen *seit H.* **754**
deste *M. Schr.* vürder *Pr.* vürder gie] in gie *M.*, engie *H.
Schr.*[1], in ergie *Schr.*[2-4] *Vorschlag:* vürbaz *für* vürder
(*Ki.*). **755** *Absatz seit H.* **757** turneies *seit M.*
758 dar *M. H.*] dô *Schr.* – quâmen] kom *M.* **761** grâwe
H.] grâven *M.*, grâwen *Schr.* *Vorschlag:* unde diu kint
(*He. Ki.*). **763–766** *Schr.*[2-4] *folgt Wilmanns* (*GGA.
1895, 415*) *und stellt 763/64 der Hs. hinter 765/66 der Hs.
Pr. vertauscht nur 765/66 der Hs.* **765** dar *Pr.*
767 einem *seit Schr.*[2] **768** niht *Pr.* **770** burc
Ki. Pr. **771** *Vorschlag:* kapfeten *für* sâhen (*He.*).

773 *Absatz gestrichen seit H.* **774** *Komma nach* winden *M.Schr.*[3-4] **775** was sîn wâpen *M.* **777** er mohte ez] mit êren moht erz *M.* 781/82 wâren *von 781 in den Auftakt von 782 gestellt He.* **782** *zur Schreibung von* golter *vgl. Schr., Apparat z. St.* **784** von guldî(ne)m zendâle *H. (dagegen Schr., ZfdA. 38, 101)]* von golde in zendâle *Schr. Vorschlag:* von golde unde zindâle *(Bech, ZfdPh. 29, 167).* **783/84** *Vorschlag:* genâte:zendâte *(He. nach Schr., ZfdA. 38, 101. Über die Doppelformen* zendâle *und* zendâte *vgl. Schr.*[1], *S. IX).* 786/87 *Neufassung Ki.Pr. (vgl. Tit. 141, 4 und La.).* **787** wâren die nagelspangen *M.* wârn die nagele mit den spangen *H.* wâren nagele und die spangen *Schr. (nach Roe.). Leitzmann (ZfdPh. 28, 261) verteidigt die Hs.* **788** sie *Pr.* **789** geruochtens guotes *Ki. (vgl. Erec 9982).* **790** dâ]dô *M.* kumpf *seit Schr.*[3] **791** ein spiegel was er *Ki.*] ein wazzer *M. Schr.*[3], ez waere ein wazzer *H.,* waere ez wazzer *Schr.*[2] *(Schr.*[1,4] *folgen der Hs.).* **791/92** *Vorschlag:* lûter sam ein wazzer / swebete er darinne nazzer *(Wallner, ZfdA. 56, 133).* **792** maser] nazzer *M.H. Schr.*[1], ein mazzer *Schr.*[2-4] *(nach Wilmanns, GGA. 1895, 415). Vorschlag:* der feinen maser *(Schönbach, Öst.Lbl. 4, 56).* **794** den *Roe.*] swen *H.Schr. Vorschlag:* des getwanc *für* dar zuo twanc *(He.).* **795** *Absatz gestrichen seit H.* dâ] dô *M.H.* enwas *seit M.* noch *Pr. Vorschlag:* nie *für* noch *(Ki.).* – dannoch *für* noch *(He.). „So viele auch zu ihm kamen, es hatte noch keinen Menschen gegeben, der den Spielleuten so viel spendiert hätte.'* **796** swaz *seit M.* dar] dar zuo *M.* **798** swaz *Ki.* **800** trüegen *seit H.*

801 dô *Pr.* – da *der Hs. streicht Pr., dafür* dô *M.H.Schr.* **802** dô *seit M.* **804** siez *seit H.* enkunden *Pr. Vorschlag: l.* sis *statt* siez *(Campion).* **805** wan *seit H.* **806** alsô dâ *He.*] als dâ *Schr.*[3,4] *(nach Bech, Germania 17, 176),* wie dâ *Schr.*[1,2] **807** poulûn *Ki.* (herberge *wohl Randglosse).* die *der Hs. streicht He. Vorschlag:* hôchgezelt *für* herberge *(He.)* **808** ob er von rehte *seit H.* – ein *der Hs. streicht He.* **809** dâ *seit H.*] dar *M.* **810** waere *seit H.* deheine *Pr. Vorschläge:* in *(Pr.)* oder im *(Ki.) für* ir. – enwaere *für* waere *(He.).* – keiniu *für* deheine *(He.).* **811** dô *seit M.* erschein *M. Schr.* **812** enein *seit H.* wurden des] wurdens *M.* **813/14** quaemen:vernaemen *seit M.* **815** tâtens] te-

ten *M*.   816 sô] alsô *M*.   817 ern *seit M*.   818
ie *Ki*. *(Schr.s Bemerkung zu diesem Vers ZfdA. 38, 101
ist unverständlich)*.   820 *Vorschlag:* des wînes *für* dar
zuo *(He.)*.   821 ers] er *M*.   822 dô *seit M*.   828
aller mannegelich *M.H.Schr*.   825 dô *He.*] alsô *Schr*.
hêrren *M*.   828 von *seit M*.   *Vorschlag:* ein wambes,
was ein buggeran *(Bech, ZfdPh. 29, 168)*.   829 dô
seit H.] dar *M*.   830 einen *seit M*.   831 sîniu *seit M*.
832 ie *seit Schr*.   833 wîz ûz *seit Schr*.] ûz *H*.   834
brîsen *seit M*.   835 veste *H.Schr*.[1]] vaste *M.Schr*.[3-4]
836 lîhter *Ki*.   837 schricken *seit H*.   838 ein *seit*
M.   839 sîne *seit Schr*.[3]   840 die hosen dar ûf *seit*
H.] dran die hosen ûf *M. Zum Reim vgl. H. z. St*.   841
einen *seit M*.   842 im *der Hs. streicht Pr*.   843 nie-
man *Pr*.] nie deheiner *M*., nie kein êr *Schr. (nach Bech,
Germania 17, 176; vgl. Schr. ZfdA. 38, 101)*. nieman
darunde] nie kein schrunde *H. (vgl. Doubek, ZfdPh. 59
341)*.   *Vorschlag:* nie kein man *für* nieman *(He. Ki.)*
846 wîz]wîzern *M*. - ein *He*.   847/48 stricken:ricken
seit Schr. (nach Bech, Germania 17, 176).   848 mit]
unde *H*.   849 *Absatz streicht H*. dô *He.Ki*.] alsô *H*.
Schr. - allez *M.Pr*.   850 stân] sân *H. (dagegen Bech,
Germania 17, 177)*.

853/54 *Umstellung von Inge Lange*.   855 brâhte
erz] erz brâhte *M*.   858 zu *der Hs. gestrichen seit M*.
Vorschlag: die knappen *für* sie sîn dâ *(He.)*.   859 *Ab-
satz gestrichen seit H*.   *Vorschlag:* dar *für* dô *(Ki.)*.
861/62 -mûre:tambûre *M.H. Bech verteidigt* mûren *als
md. Form (Germania 17, 175); ihm folgt Schr. Leitzmann
verteidigt* -mûre *(ZfdPh. 28, 261)*.   862 tambûre *H*.]
tabûre *M*., tabûren *Schr. (nach Bech, Germania 17, 175)*.
864 ezn *Pr*. sô *streicht M*.   866 ez stôrte *seit H*.
868 manec *seit H*.] manigiu *M*.   870 alsam er *M*.]
als er *Schr*.   871 vuorte *seit Schr*.] vüere *M*., füeren
H. - in *Pr*. - sînem] eime *H*.   872 ûfem *seit M*.   873
Absatz gestrichen seit H. - ûf der *Ki*.] diu *M*., der *H.Schr*.
Vorschlag: in der *für* ûf der *(Bech, ZfdPh. 29, 168)*.
875 ein hûs gefieret *seit H*.   *Vorschlag:* folge der *Hs*.,
vgl. 956 und Haupt zu Erec 4636 (Campion).   876 unt
Pr.   881 hâte ez allez *Pr*.   882 si sprach *streicht H*.
weist *seit Schr*. dort *seit H*.] dâ *M*.   887 nieman *Pr*.
888 ez *seit M*. gein *He*.   889/90 *streichen He.Pr*.   889
Für seine *der Hs*. sîn *M. Für* predigen *der Hs*. predege *H*.]

891 neben daz *seit Schr.*] nebenz *M.*, eneben dez *H.*
892 *Vorschlag:* daz sîn werc *für* sîn werc *(Ki.).* 893 sîn
seit M. 894 behabete *seit H.* 895–902 *Umstellung*
Pr. 899–904 *Die Umstellung bei Schr.*[3–4] *nach Wilmanns,*
GGA. 1895, 415. 897 anderhalp *Ki.*] beidenthalp
Schr.[4] 898 der *Pr.*

901 in *He.* 902 vehtennes *Pr.* 905/06 *umgestellt*
von He.Pr. 905 *Ki.* streicht das do der Hs. 906
daz *He.Pr.* 907 *Absatz gestrichen seit H.* dô *Ki.*
(s. 905). 913 entwâpende *He.* 914/15 *Durch In-*
terpunktion getrennt seit Schr.[2] *Kein Zeichen hinter 914,*
Punkt hinter 915 M.H.Schr.[1] 917 eine *Pr.* 918
dô suone *Sta.* – *Roe. vermutet eine Lücke nach diesem Vers.*
Vorschlag: daz ez dâ versuonet wart *(Pr.).* 920 wî-
ten *Pr.* 922 er sprach] jâ *H.* 923 unt gesitze *He.*
Vorschlag: besitze *für* gesitze *(Ki.)* ,auf dem Trockenen
sitzen bleiben'. 924 êre] êren *M.* 926 solde]sol *H.*
927 *Absatz gestrichen H.Schr.* 928 *H. läßt die direkte*
Rede hier beginnen. 929 der *Ki.* 930 waz *Ki.Pr.*
934 al *Pr.* gir *seit M.* 935 *Absatz seit H. Vor-*
schlag: überz *für* über *(He.).* 936 helme *seit M.*
937 dô *seit H.* 938 man *Pr.* 939 dô *Ki.* 940
ûze sluoc *seit H.*] ûf sluoc *M.* 941 maneger *seit M.*
942 wambasel *seit H.*] wambeis hel *M. (im App.:* wam-
besch vel ?) – über *Pr.* 943 den halsperc *Pr. Vor-*
schlag: harnas *(He.); ev. str.* 943/44; 945 l. guoten *(He.).*
945 guoter *seit H.* 947 sîn] sîniu *Schr.* 949 hôrtet
M.H.Schr.[1–2]] gehôrtet *Schr.*[4] 950 was *M.H.* dran *Pr.*

951 *Absatz gestrichen seit H.* 951/52 *Vorschlag:* ûf
bant er den sînen helm / den sach man schînen ûz dem
(durch den *He.*) melm *(Ki.).* 953 harte *Pr.* 954
volzieret *Pr.* 955 er *Ki.*–wol] vil wol *M.*–tohte *seit M.*
Vorschläge: beste tohte *(He.).* – ez sînen êren tohte *(Pr.).*
956 niemen *He. (vgl. 1073).* anderz merken *Pr.* 957
aller sîner gelaeze *Bech (ZfdPh. 29, 168)*] allem sîme g.
M.H.Schr. (ZfdA. 38, 102). 958 daz *He.Pr.*–dâ *Pr.*
960 wîz *He.Pr.* snê *H.*] swan *Schr. (vgl. ZfdA. 38, 102).*
961 zendâte *seit H.*] zendalâte *M.* 962 ân(e) *seit H.*
968 pflihten *seit M. (Zur Wortbedeutung vgl. H. z. St.)*
969 türlîn *He.* 970 vür *seit H.* 973 swanne *seit H.*
974 sider *Pr.* 975 sîner] sîne *M.* quam *seit Schr.*[3] ein
teil *seit Schr.*[2]] vil *H.Schr.*[1] 976/77 nam *aus 976 in*
977 eingefügt He. 978 *Absatz Pr. der Pr.* 979

Absatz gestrichen seit H. **980** geverwet *He. Vorschlag:* unde schiere ein sper dar nâch *(Pr.).* **981** *Vorschlag:* mante *oder* hiu *für* nam; mit beiden sporn *(He. aus metrischen Gründen; vgl. Vor. Bal. 47).* **982** hete *Pr.* vreissamen *Ki. Vorschlag:* dô tet im vreissame zorn *(Ki.).* **982/83** dô macht er vreude. âne zorn / kom er ... *M. (von Bech verteidigt ZfdPh. 29, 168f.).* **983** jâ *seit Schr. (nach Roe., vgl. ZfdA. 38, 102).* quam er] er kam *H.* ar *seit M.* **984** kleiner *seit M.* vogel(e) *seit H.*] vögelîne *M.* **987** unt *Pr. (aus 988 übernommen).* **988** unt *streicht Pr. (vgl. 987).* dâ enmitten *seit H.* **996** swaz *seit H.* dâ *Ki.* **997** lingen *Ki.* **998** vaht *He.* **999** laere *seit H.* **1000** ez]er *M.*

1001 swenne *Sophie Charl. Plechl.* – vor *He.Pr.* – hitze(n) *seit M.* **1002** under im *He.*] inder *H.Schr.* **1006** sâ *Pr.* er der *Hs. streicht Pr.* dâ] dô *M.* **1007** *Vorschlag: Auf Grund der andern Stellen (742, 771, 816, 919) will He.* auch hier schifman *lesen.* **1008** rehte *aus 1009 übernommen He.* gar der *Hs. streicht He. Vorschlag:* lobes r. *(He.).* **1009** durch vehten *He.Pr. Vorschlag: Folge der Hs. (Ki.).* **1010** varnder *Ki. Vorschlag:* vremder *für* varnder *(Pr.).* **1011–1024** *umgestellt von He. Ki.Pr. (unter Angleichung der Konstruktion).* **1013** *Absatz seit H.* dô *Pr.* **1014** diu *He.* geverweten] gevarten *H.* **1015** schranken *Pr.* **1016** ims] im *M.* **1017** noch *Pr.* **1018** alsô *Pr.* **1020** hâte] haete *Schr.* **1021** al *Pr.*] allez *(Adverb) M.Schr.*, alliu (sper) *H.* **1022** sîn vrouwe in dâ *Pr. Für* da der *Hs.* dô *M. H.Schr.* [**1023/24** *(= 1021/22 der Hs.) streicht Pr.; als späterer Zusatz anzusehen, vgl. Hartmann Büchl. 209f.*] **1025** alse] sam *M.* **1026** rüefen] ruofen *M.* **1027** swer *seit H.* **1029** dâ] dô *M.* – allen den *Ki.*] al den *M.*, allen *H.Schr.* **1030** swaz *seit H.* in *He.Ki. (vgl. aber Schr., ZfdA. 38, 102).* râme *seit H.* **1031** unt *Pr.* swaz *seit M.* **1032** *Absatz seit H.* dô *Ki.* – nahte *Pr.*] nâhte *H.Schr.* **1034** auch *str. H.Schr.*[4] **1035** gezelte *Th.*] zelte *Schr.*[2-4] *(nach Wilmanns, a.a.O.).* **1036** swer *seit M.* **1038** guote *M.Schr.*] güete *H.* auch der *Hs. streicht Ki.* **1039** dô *Pr.* **1040** dar gereit *Schr.*[2-4] *App.* – dô *für* da der *Hs. M.H.Schr.* **1042** baz dan iuch *Ki.Pr.*] baz iu *Schr.*, baz ouch *H.*, ouch baz *M.* **1043** *Absatz gestrichen seit H.* **1044** der varnden quam *He.Pr.* sô *Pr. Vorschlag:* knechte *(Ki.).* **1045** *Vor-*

schlag: mohte *für* kunde *Pr.* **1047** dem dritten alse *He.Ki.Pr.* **1052** begreif *seit Schr.*] der ergreif *H.* **1054** zem *Pr.* **1055** tuoch zem *Roe.* **1058** ir ervrieschet *H.*] ir revrâget *M.*, ir erfreischtet *Schr.* **1062** gevangen] gegangen *M.H.* *Vorschlag:* ein sîn gevangen *für* ein man gevangen *(Ki.).* **1063** *Vorschlag:* sîner habe *(Ki.).* **1067** dô *Ki.* entwerte *Pr.Th.*] erwerte *M.*, enbarte *H.*, erbarte *Schr.* **1068** an die herte *Pr.Th.*] âne herte *M.*, ane harte *H.Schr.* *Vorschlag:* an die swarte *(Roe.).* **1069/70** *über die Form* kalte der *Hs., die H. stehen läßt* (: entwalte), *vgl. H. z. St., Bech, Germania 17, 175 und Schr., ZfdA. 38, 102, dessen Gründe aber nicht überzeugen.* **1071** warte *Roe.* **1073** dâ] dô *M.H.* niemen] iemen *M.* **1074** enstricte] enstriht *M.* **1075** lirken *Ki. (vgl. 1554).* **1076** in *seit M.* **1079** daz sie gaeben *seit H.*] daz er gaebe *M.* − swer sies *seit H.*] swes sie *M.* − baete *seit H.*] baeten *M.* **1080** swaz *seit M.* haete *seit M.* **1081** des nâmens sîn *Pr.*] von diu nâmens sîn *M.H.Schr.* **1082** *Absatz Pr.* darunder *Roe.*] under diu *H.Schr.* **1083** einen *Roe.*] eine *H. Schr.* **1085** ez *M.Schr. (vgl. Schr., ZfdA. 38, 102).* **1086** rehte sô alse *He.Ki.Pr.* **1087** komen *He.Ki.Pr.* − zuo zir *M.*] zuo ir *H.Schr.* **1091** diu vrouwe *seit Schr.*[3] *(vgl. ZfdA. 56, 288).* **1092** *Absatz seit H.* wâ *Pr. Doppelpunkt Pr., ohne Interpunktion hinter* liez *M.H.Schr.* **1093** einem] einen *M.H.Schr.*[2-4] **1096** în *Ki.* zu der *Hs. gestrichen seit H.* **1097/98** kemenâte: hâte *seit H.* *Vorschlag: l.* kemenâten: hâte *(Leitzmann, ZfdPh. 28, 261).* **1098** tougen *He.* **1099** zuo ir] zer *M.* heimlîche *Roe.* **1100** dar *seit M.*

1101ff. *Zu der folgenden Stelle vgl. Veldekes Eneit 8286ff.* **1102** dâ *Pr. Für* gemalet der *Hs.* gemâl *H.Schr.* **1103** gemâl *Pr. (aus 1102).* **1105** daz himelze *Ki.* gemuoset *seit H.*] gemieste *M. (mit Fragezeichen!).* **1106** lühte *seit M.* alse] sam *M.* **1107−1110** *Neufassung Pr. Der Absatz nach 1106 gestr. seit H.* **1110** dar *seit M.* **1111** *Absatz Pr.* **1111/12** *Neufassung Ki. Sicher verderbtes Reimpaar; vielleicht ist zu lesen ähnlich wie Herzog Ernst D 2377/78:* enmitten stuont ein bette / dem was armuot wette *(Ki.).* **1112** gemachet *seit H.*] gemâchet *M.* **1113** sîne *Pr. Vorschlag:* die vier stollen *für* die stollen *(He.).* **1114** gedrollen *Roe.*] gewollen *H.Schr.* **1115** und *der Hs. umgestellt Pr.* **1116**

ane] daran *M*.   **1117** Sÿ *der Hs. streicht Pr*.   **1120**
ir *Pr*. „*so daß ihre Gestalt plastisch aus dem goldenen Hin-
tergrund hervortrat'*.   *Vorschläge: l*. ein lützel *für* antlûtz
der Hs. (Arthur Hübner; „so daß es leuchtend strahlte').
– *l*. der *für* daz *(Ki.; auf* tier *v. 1116 bezogen)*.   **1122**
von holze, daz Vulcanus *He*. Vulcânus *seit M*.   *Vor-
schlag:* Ebanus *oder* Lybanus *für* Vulcânus *(Bech, Ger-
mania 17, 173f.)*.   **1123** das *der Hs. von He. in 1122
eingefügt*. verbrennen *He*. enkan *seit H*.   **1124** was]
waren *M*. – gestrecket *seit Schr. (nach Bech, Germania 17,
177)*.   **1125** *Vorschlag: l*. vil *für* vier *Pr*.   **1126**
hânt wan *Ki*.] hâten *M*., machten *H*.   *Vorschlag:* die
vâhent vreche liute *(He.)*.   **1127** enmitten *seit M*. ge-
zogen *seit M*.   *Vorschlag: l*. mit nâten *statt* enmitten *(He.)*.
1128 diu *seit M*.   **1129** swie *seit H*. es *Sta*.] ez *H.Schr.*–
niht] iu *M*.   **1131** vil *Ki*. – bette] bettewât *Schr.*[4] weich]
wîch *M*.   **1132** diu] die *Schr.*[4] wâren] enwâren *M*. gar
der Hs. streicht Pr. decke *Pr*.   *Vorschläge:* diu enwâren
bar noch blôz *(He.)*. – diu bette enwâren niht gar blôz
(Ki.).   **1133** ûf in lâgen *Pr*.   **1134** pfellelîn *seit H*.
von *seit M*.   **1136** *Vorschlag:* ich enwaene *für* ich waene
(He.).   **1137** nie *Pr*. volbrâhte *Pr*.] machte *M*.,
gemahte *H*., gemehte *Schr. (nach Bech, Germania 17, 175)*.
1137/38 *Vorschlag:* worhte:zorhte *(Ki.)*.   **1138** ges-
lahte] slahte *H*., geslehte *Schr. (nach Bech, Germania
17, 175)*.   *Vorschlag:* noch *für* oder *(He.)*.   **1139** ûz
sabene *Pr*. (,*kostbares Linnen'*).   *Vorschlag:* ein sîdîn
(ûz sîde ein *Ki*.) lachen *(He. Ki.)*.   **1140** dâ] dar *M*.
Vorschlag: hiez sî *für* hiezens *(He.)*.   **1141** vedere *He*.
1144 wol *seit Schr.*[3]   **1145** *Absatz gestrichen seit H*.
1147 *zur Bedeutung von* alfurt *vgl. Schr., ZfdA. 56, 288.
Vorschlag: l*. alfart *für* alfurt *(E. Littmann briefl. an E.
Schröder)*.   **1149** über *Pr*.] in dem *M*., ime *H.Schr.*
Vorschlag: ame *oder* bîme *für* über *(He.)*.

    1152 ê *Roe*. bewarte *H.Schr.*[1-3]   **1153** dar *M*. hin
der Hs. streicht Pr.   **1154** was] was ez *M*. daz bette *Pr*.
1155 pfulwen *seit M*.   **1156** wol *der Hs. streichen He*.
Ki. Pr. bezzer *streicht H*.   [*1157 gestrichen Ki. Pr. Für
gesagen der Hs*. sagen *H*.]   **1158** *mit 1159 zusammen-
gezogen Ki. Pr*. wesen *Roe*. dem *Pr*.   **1160** *Vorschlag:
l*. von Veldeken Heinrîch *nach Gottfr. 4725 (Campion)*.
1164 darinne] da'r inne *M*., da er inne *H*. – in *seit
Schr*. rief *seit M*.   *Vorschläge: l*. dô *für* darinne

(Pr.). – *l.* vrou Vênus *für* Vênus *(Roe.).* – *Vgl. auch*
Singer, ZfdA. 35, *182f.* **1169** dructe unz *seit M.*
1170 in ir *seit M.* **1171** swie wîs(e) *seit M.* **1172**
tete *Pr.* **1173** *Absatz seit H.* **1175** ouch] doch *H.*
Schr., gestrichen M. **1176** auch *der Hs. gestrichen seit*
M. loup *Pr.* **1178** banecten *seit H.* **1179** *Absatz*
gestrichen seit H. **1182** diu *seit H.* sunderlingen *seit M.*
1188 hinne *He.* **1190** ichz *M.Schr.* **1192** nymmer
der Hs. streichen *M.Schr.* **1193** eines *Ki.He. Vor-*
schlag: ein stunt *(Roe.).* **1194** *Vorschlag:* mich dûhte
ez *für* ez dûhte mich *(He.).* **1195** *Absatz streichen H.*
Schr. **1196** *Neufassung Ki. (nach Eneit 128, 7).* swie
übele ir herre zouwe *M.* swie übele ir, herre, zouwe *H.*
Schr.[1] swie übel ir her zouwe *Schr.*[2-4] **1197** schieres
Pr. **1198** al den *He. Pr.*] alden *M.*
1201 *Neufassung He. Ki. Pr.* – noch] unde *M.* **1209**
zu der *Hs. gestrichen seit H. Vorschlag: l.* veige *f.* selbe
'verflucht' *(Ki.).* **1210** *Vorschläge:* dô *für* sô *(Wallner,*
ZfdA. 56, *133).* – wachen *für* lachen *(He.).* **1211**
tougen *Ki. Vorschlag:* herzen *(Pr.).* **1212** ane gât]
eine gât *H.Schr. (vgl. Wallner, ZfdA.* 56, *133).* **1213**
Absatz streichen H.Schr. dô] sô *M.* **1214** geschadete
He.] schadete *H.Schr.* – vart *Pr.* **1215** sî *Pr.* mich] in
H. **1217** versinnen *Ki.* **1218** *Vorschlag:* ist der wirt
ein hövesch man *(He.).* **1220** gesagete *seit H.* **1222**
hieze *seit M.* **1224** swie *seit M.* **1225** *Absatz*
streichen H.Schr. **1226** laz *seit Schr.* **1228** gleich
der Hs. gestrichen *seit M.* wol *der Hs.* gestrichen *Ki.* laege
seit M. **1229** ruowende *Pr.* – sein *der Hs. gestrichen Pr.*
1230 maget *seit Schr.*[3] *(vgl. ZfdA.* 56, *288).* **1232** leget
ir *seit H.* mîne *H.*] mînen *Schr.*[2-4] **1237** entwachen
H.] entwenken *Schr. (vgl. ZfdA.* 38, *103).* *Vorschläge:*
entnücken *für* entwachen *(Wilmanns, GGA.* 1895, *416).* –
slâfe entwenken *(Ki.).* **1242** alsô *seit Schr.*[4] **1244**
ohne Redewechsel M. **1245** *Absatz gestrichen seit H.*
1250 *Vorschlag:* dicke *für* ofte *(He.).*
1251 'verschwenderischen Aufwand mit dem Schiff ins
Werk setzte'. *Vorschlag:* schifvart taete *(He.).* **1252**
daz *seit H.* er des] ers *M.* **1253** 'worauf er so viel Über-
legung gewandt hatte'. sô künstlichen *Pr.*] nû künste-
liche *M.,* unküstelichen *H.,* nû unkünstliche *Schr.*[1] *(vgl.*
ZfdA. 38, *103),* nû unkustliche *Schr.*[2-4] *(nach Wilmanns,*
GGA. 1895, *416).* – pflac] verpflac *Schr. (nach Wilmanns,*

ebd.) *Vorschlag:* der er nû durch ungunst verpflao
(He.). **1254** *Absatz seit H.* unlange *seit Schr. (nach
Roe., der auf 1070, 1547 verweist). dâ]* dô *H.* **1256**
tougenlîche *seit M.* **1258** ouch *Pr.* **1262** vürbaz
He. gâh(e)te *seit H.* **1265** *Absatz gestrichen seit H.*
1268 nie *seit M.* **1270** in des] ins *M.* **1274** disem
seit M. **1279** nu *der Hs. gestrichen seit Schr.*³ *(vgl. ZfdA.
56, 288).* – sîn slâfen *seit H.* **1280** nu *und* wol *der Hs.*
streicht *Ki.* unbewart *Ki.* **1281** wol *seit M.* **1283**
möhte ich *Bech, ZfdPh. 29, 169.* **1284** er] ob er *Schr.*
1285/86 *Vorschlag: streich die Verse (Ki.).* **1287** slâf
Ki. **1287/88** benomen: gevromen *M. Schr.* **1288**
swaz *seit M.* er] ez *H. Schr.* *Vorschläge:* er *für* er im
der Hs. (He.). – *Streich* her *(Ki.).* **1289** *Absatz strei-
chen H. Schr.* dô *seit M.* aber *Pr.* **1290** des *Ki. Komma
hinter* sîn *M. H. Schr.* **1291** dîner *Pr. (im Monolog
stets Sing.). Nach Lexer s. v.* geverte *sagt die Jungfrau zur
Gräfin lieber* geverte *(unwahrscheinlich! Pr.)* *Vorschläge:*
iuwer *(Ki.)* – ungeverte *(He.).* **1295** *Umstellung
He. Pr.* **1298** zerslagen *seit H. (zur Verteidigung der
hsl. Lesart vgl. Bech, ZfdPh. 29, 169).* **1299** in mîn *seit
Schr.*] mînen *M. H.*

1301 dîn dienst allen *seit H.* **1305** obe *He.*] swenne
H. Schr. **1306** in dem] after *Schr.*⁴ **1308** wider *seit
M.* **1309** wesen *seit Schr.* **1310** unhövescheit *seit
H.* **1311** *Vorschlag: streich* niht *(Bech, Germania, 17,
177).* **1312** ie mêre *Pr.*] iu mêr *M.,* immer mê *Schr.*³·⁴
ûf *seit H.*] umbe *M.* *Vorschlag: l.* gediene, *vgl.* lcbe
1311 *(Campion).* **1315** daz *He.*] swenne *Schr.*¹·³·⁴,
swan(ne) *H. Schr.*², wan *M.* – disem *seit M.* **1320** iuch]iu
M. H. Schr. (gemeint ist: ,was euch das kostet'). ane stê
He. **1321** im] in *H. Schr.* **1322** doch *der Hs.* streicht
M. bescheiden *H. Schr.*¹·⁴ *(Wilmanns, GGA. 1895, 416,
verteidigt die hsl. Lesart).* **1323** minner *seit H.*
1324 diu *Pr.* **1325** gedenket *He. (anders Schirokauer
PBB. 47, 73).* **1326** wan *seit H.* **1327** *Neufassung
des sicher unvollständigen Verses He.* **1328** *Umstellung
Ki. Pr. He.* **1331** doch *seit H.* **1332** obe *He.* im
H. Schr.] in *M.* **1334** bekomen *Ki.* **1335** ân(e) *seit
H.*] wan *M.* **1336** lebete] lebet *Schr.*⁴ **1338** weist]
waz *H., der auf Winsb. 31, 5. verweist. Der Anfang des Verses
bis* weist *fehlt bei M., die Lücke ist durch Striche bezeichnet.
Die fehlenden Worte setzt M. als unverständlich in den App.*

1339 *Absatz streichen H.Schr.*   **1342** daz] ez *H.*   **1343** swem *seit H.*   **1344** vil *der Hs. streicht He.*   **1345** swer *seit H.*   **1346** ich sage] ich sagiu *M.*, ich sage dir *Schr. (vgl. ZfdA.* 38, 103*).*

1350 ie mêre *He.Pr.*   **1351** gerner *seit H.*   **1352** deheines mannes *He.*] ie mannes *Schr.*, iemannes *M.H.*   **1354** swaz *seit H.*   **1355** als *der Hs. streichen He.Ki.* offeniu *He.Ki. (vgl. Berth. v. R. 1, 436, 20 u. 22).*   **1356** *fehlt bis* lîhte *M.* sô *Ki.*   **1358** drîzec *seit Schr. (vgl. ZfdA. 38,103).*   **1362** diu *seit M.*   **1363** *Absatz streichen H. Schr.* zir *He. Pr.*   **1365** iu *seit H.*   **1368** enlaezet *seit H.*] enliez *M.*   **1369** enmüezen *seit Schr.*[3]   **1370** ie diu *Ki.Pr.*] noch ie *H.Schr.*   **1371** wan *Ki.* ez *M. Schr.*   **1372** swie *seit M.*   **1373** ir wizzet doch *seit Schr. (vgl. ZfdA. 38,103).*   **1375** ichn *Ki.*   **1376** ir   *He.*   **1377** gesige   *seit   M.*   **1378** *Neufassung Pr. (verweist auf 1436 ff.).*   **1379** hin *der Hs. streicht H.* gê *seit M.*   **1381** gee oder *der Hs. gestrichen seit M.*   **1383** *Umstellung Ki.Pr.*   **1384** în] hin *M.*, in *H. Schr.*   **1387** hêre *Pr.* schanden *seit H.*   **1391** huote] harte *M.*   **1394** erwachete] erwachet *M.*   **1396** dô *seit M.*   **1397** unsanfte *seit M.*   **1398** wânde *seit M.*   **1399** *Vorschläge:* mich *für* mîn *(He.). –* niht mîn grüezen *(Pr.: ,lehnte meinen Besuch ab').*

1401 obe *He.*] wanne *M.*, swenne *H.Schr.* nû ir *Pr.*] ir *M.H.Schr.*   **1403** müese *seit M.*   **1404** juncvrouwe *seit Schr.*[4]   **1405** barn *seit H.*   **1406** umgest. *Pr. (,wir zwei, du Müder und ich Ungeschickte').*   **1408** muoz sî *Pr.* muoz] müeze *M.*   **1410** *Vorschläge:* ein gar unwîplîcher zorn *(Pr.). –* ein harte unwîplîcher zorn *(He. Ki.).*   **1411** es *seit H.*   **1412** es] ez *M.H.Schr. Vorschlag: l.* lônes *für* sider *(Sta.).*   **1413** sie] sie ie *M.*   **1414** quam *seit H.* gegangen *Pr.*   **1415** harte *He. Vorschlag:* gegân unwizzende ûf mich *(Ki.; dann ist natürlich 1414 mit der Hs. zu lesen).*   **1416** zornes *Pr. Vorschläge:* des ervorhte ich *für* des zornes vorhte ich *(He.). –* zewâre, des tuckes vorhte ich *Ki. – l.* schaden *für* zornes *(Sta.).*   **1417** mich *der Hs. streicht He.*   **1418** dô *seit M. Vorschlag:* jâ *für* dô *(He.Pr.).*   **1419** her *seit Schr.*[3]   **1420** vor zorne *Pr.*   **[1421/22** *gestrichen Ki.Pr.*]   **1423** *Absatz streichen H.Schr.* dô *M.H.*   **1425** mir *der Hs. streicht Pr., für* mir ser *der Hs. schreibt M.* sêre mir.   *Vorschlag: l.* harte *für* sêre *(Ki.).*

1426 dô *seit M.* was] weste *H.Schr.*[1], wiste Schr.[3-4]
schiere] sicher *H.Schr.* alse] alsen *H.Schr.* ein *der Hs.*
gestrichen seit H. *Vorschlag: laß die Rede des Moriz*
mit 1426 beginnen (Ki.). **1427** ê *He.* si] si(e)z *M.H.*
Schr. – iu *Ki.* – was *der Hs. streicht M.*] wan *H.Schr.* – durch
der Hs. streicht Ki. güete] guot *H.Schr.* – *Redegrenze nach*
1427 Pr. (1429 M.H.Schr.). **1432** muoz] muoz nû
M. **1434** gesagen *He.* **1435** dô *seit M.* hin *der Hs.*
streicht Pr. în *seit Schr.* **1435/36** *Vorschlag: streich*
beide Verse (He.). **1436** *Neufassung Ki.* **1436/37**
Umstellung He. **1437** wan *Pr.* ich *Ki.* **1438** varn]
iuch varen *Schr.*[4] **1447** wan ein dinc *Pr. (wegen 595*
und 1448 daz!). *Vorschlag:* darumbe tuot ein dinc
(Ki.). **1448** hêre *He.* daz *seit H.* **1449** sô *seit H.*
1452 got *He.* (umbegân *heißt nicht ,umkehren').* – zuo zir
Ki. **1457** aber *Ki.* mich] sich über mich *H.Schr. (vgl.*
ZfdA. 38, 103*).* *Vorschlag:* sie ich arme *für* sî mich armen
(He.). **1459** hertez *He.* **1460** ze swaere *seit M.*
1462 *Schluß der Rede seit Schr. (M.H. lassen die Rede*
mit 1464 enden.) **1463** er mande *seit Schr. (nach Bech,*
Germania 17, 177)] ermanet *M.H.* **1464** unz daz *He.*]
unz *Schr.* – in] mich *M.*, unsin *H.* *Vorschlag: l.* biz *für*
unz *(Bech, Germ. 17, 177).* **1468** sigen *seit H.*] vielen
M. (vgl. Schr., ZfdA. 38, 103). **1469** geuallen *der Hs.*
gestrichen seit M. **1477** *Neufassung He. (vgl. Nib.*
428, 3). **1478** dô *seit M.* **1479** von *der Hs. streicht*
Pr. **1482** iuch *seit M.* **1484** elliu *M.*] alliu *H.Schr.*
1486 wol *der Hs. streicht Pr.* **1487** wol *der Hs. streicht*
Pr. **1488** zim ûz *Ki.* **1489** *Neufassung He.* veste
ein herze *seit Schr. (nach Roe.)*] vestez herze *H.* **1490**
Neufassung Pr. – dô *für* da *der Hs. M.H.Schr.* – Für gesach
der Hs. liest gesaech *M.* **1491/92** *Vorschlag: streich die*
Verse und lies in 1490 sînen schaden *statt* den schaden
(Pr.). **1492** unt *He.* **1493** weich *seit H.* *Vor-
schlag: folge der Hs. und streich* von *(Pr.;* wênic = *,mit-
leidig'.)* **1494** *Absatz Pr.* **1495** sîns schaden *He.*
vil *der Hs. gestrichen seit M.* **1496** *Vorschlag:* erwachet
nû *(Ki.).* **1497** unt *He.* inne *He.* **1498** von *der*
Hs. streicht Schr. (vgl. ZfdA. 38, 103). **1499** von diu
seit H., von danne *der Hs. streicht M.* – far er *der Hs.*
streicht Ki. nach Wallner (s. 1500). **1500** vare er *Ki.*
quan] kan *H.Schr.* *Vorschlag:* und var *für* var er
(Wallner, ZfdA. 56, 134).

1501 *Absatz gestrichen seit H.* klaffest *H.* *(dagegen Schr., ZfdA. 38, 103f.).* **1502** dû *streicht M.* daz der *Hs.* streicht *He.* **1508** nû *He.* **1509** weinte *seit H.* weinte ditze] beweintez *M.* **1510** dannen *Ki.* *Vorschlag: streich stille (Ki. Pr.).* **1511–1528** *Umstellung Ki. Pr.* **1511** *Absatz Pr. – H. und Schr. machen vor 1527 (= 1511 nach alter Zählung) einen Absatz.* – erlangen *Ki. (vgl. Leitzmann, PBB. 63, 414).* *Vorschlag: l.* belangen *(Campion).* **1518** beite *seit M.* **1514** diu *M. H.* **1515** in *der Hs.* streicht *He.* *Vorschlag:* brast *für* wart *(He. Ki.).* **1517** mich *He.* **1518** vmb *der Hs.* streicht *H.* **1520** enspreche *seit H.* **1521** zuo zir *He.*] zuoz im *M.*, zuo ir *H. Schr.*ʹ *(auch Campion),* zuo in *Schr.*¹⁻³ *(nach Roe.).* **1522** *Vorschlag:* wes sî mir (habe ?) getân, „warum sie mir dies angetan hat‘ (Ki. Th.).* **1528** *Absatz streichen H. Schr.* **1525** harte *He. (vgl. Leitzmann, PBB. 59, 219f.).* **1526** *Vorschlag:* în in *für* in *(Ki.).* **1527/28** *Von Pr. und Ki. hierher gesetzt, jedoch hält Pr. auch ihre Einordnung hinter 1538 für möglich.* **1527** nû *seit H.* **1528** inne *He.* [1529/30 *streicht Ki.*] **1582** von *seit Schr.* daz] dez *H.* **1584** brân *He.*] brûwen *M.* **1585** do *Pr.* in sînem *Pr.* *Vorschläge:* dâ ... ûz mit z. *(Ki. Sta.).* – jâ sach er mit z. *(He.).* **1587** *Vorschlag:* fasse diesen Vers als ἀπὸ κοινοῦ *(He. Pr.).* **1588** harte *He. (vgl. 1525).* **1589** sie sliefen *H.* **1541** *Neufassung He. Ki. Pr.* rouwec = „leidend‘. **1542** vor *Pr.* slâfen *He.* – niht enmac *Pr.* **1548** er *seit M.* **1544** *Vorschläge: l.* umbe *für* ûf *(He. Pr.).* – irre umbe *(Ki.).* **1548** *Vorschlag:* mîn her *für* her *(He.).* **1549–1560** *Umstellung Ki. Pr.* **1552** trat *Ki.* **1555** den] dem *M.* *Vorschlag:* erklancte er *Schr.*²⁻⁴ *(im Apparat).* **1557** er *He.* dem *seit M. (vgl. Schr., ZfdA. 38, 97).* **1558** sprechen *Pr.* **1559** zêter *seit Schr.*² **1559/60** gemachte: erwachte *seit M.* **1562** swannen *seit H.* bekomen *Pr.* **1564** ensî *seit M.* **1567** sâ *seit M.* **1569** *Absatz gestrichen seit H.* **1570** der *der Hs.* streicht *Ki.* **1572** sîn *seit H.*] mê *M.* – ze] zer *M.* **1578** enist *seit M.* **1575** vor vorhten *Pr.*] von vorhten *M.* **1577** dô *He.* **1578** *Vorschläge:* tinnebein *(He. „Schläfenbein‘)* oder kinnebein *(Ki.) für* schinebein. **1580** *Vorschlag:* unmaht *für* âmaht *(He.).* *Vgl. Leitzmann, PBB. 63, 430.* **1581** *Absatz seit H.* **1584** ichn *seit M.* **1585** hie ge-

ruowen an *Pr.*] geruowen hier an *H.Schr.* **1586** tete
Pr. Vorschläge: lupfte *oder* las *(He., vgl.· 1476).*
1587 zuo] zuoz *M.* **1588** *Vorschlag:* ez *für* daz *(Pr.),*
aufs folgende zu beziehen. **1589** daz *der Hs. streicht*
Pr. enwiste *seit M.* dirre *M.Schr.* **1592** *Zur Auffüllung*
der Lücke sind vorgeschlagen: dirre schric *M.,* der schric
H. (*für* schric *auch Wallner, ZfdA. 56, 134),* zouber
(Schr.), ritter *(Roe., vgl. ZfdA. 38, 104),* vreche *(He.).*
Bech will einfaches dirre *einsetzen (ZfdPh. 29, 169).*
1595 *Absatz gestrichen seit H.* **1596** *Vorschlag:* kunde
ie *(Ki.).* **1598** hât *M.*] hetet *H.,* hâtet *Schr.*

1601 *Umstellung Pr.* **1601/02** saget: (be)taget *seit*
M. **1602** betaget *He.* **1603** ez *M.* **1604** sô *seit*
Schr.[2]] sus *M. (vgl. Schr., ZfdA. 38, 104).* **1606**
swaz *seit H.* **1607** ichz *seit H.* **1608** *Vorschlag:*
geswîche *für* entwîche *(He.).* **1610** antwurt]antwur-
ten *M.* engab er *seit H.* *Vorschlag:* nie kein *(Ki.).*
1611 swes *seit H.*]swaz *M.* **1613** dô *He.* **1614** ouch
er *Pr.* – zu *der Hs. gestr. seit M.* **1615** ichn weiz *seit H.*
1616 *Umstellung Ki. Pr.* – *Für* euch *der Hs.* iu *M.* **1617**
ungesaget *He.* **1618** dâ *Pr.* **1620** *Neufassung He.*
1629 swaz *seit M.* **1630** des wol] wol des *M.* **1631**
unz *He.* **1633** ichn *Pr.* **1634** nû] gêt *M.* **1635**
gief *He. Pr. (auch an* gouch *wäre ev. zu denken).* âne]
an *M.* *Vorschlag: l.* habet den schaden ane êre *(He.*
wegen 1718). **1636** vergilte] vergibe *H. Schr.*[4] *(vgl.*
ZfdA. 38, 104). **1638** *Absatz seit H.* **1640** *Um-*
stellung He. tete] taete *Schr.* **1641** dô er umbe *seit*
H. sich *Pr.* **1643** er koufte]erkoufte er *Schr.*[4] **1644**
dô *seit M.* ez] es *M.* **1645** sît *Ki.*] dô *M.H.Schr.* im
He.] sîn wert *Schr.*[2-4] – gesprach *Ki.* *Vorschläge: Cam-*
pion verteidigt die hs.liche La. – sît daz *(He.).* **1648**
daz wol] daz'z wol *M.* **1649** marcten *seit M.* **1650**
dazs] deis *M.,* dês *H. (vgl. ZfdA. 38, 104).*

1652 schulden kumber *seit H.* **1653** vür grôze
liebe *Pr. (,statt großen Glückes')* **1655** selbe *He.* **1656**
aber *Ki.* **1657** ze vriunde *Pr.* *Vorschlag: folge der Hs.,*
streich nur zu *(He.).* **1659/60** geborn: verlorn *Pr. (vgl.*
Kaiserchronik 4452). **1660** er ist *der Hs. streicht Ki.*
Umstellung He. Pr. **1661** vmb *der Hs. gestrichen seit*
M. **1662** dô *seit M.* *Vorschlag: streich* mich *der Hs.*
(He.) (Versparung!). **1663** *Vorschlag: l.* unt *für* unz er
(He.). **1665** des schaden] der schande *H.Schr.* **1666**

binz *He.* die schande *Pr.* **1668** ensî *seit H.* – dann *der
Hs.* gestrichen *seit H.* **1670** *Redeschluß M.H.Schr.
(s. 1678).* **1671** wol *der Hs.* streicht *He.* **1672** wan
in trouwen *He.Pr.* niht] reht *Schr. (nach Roe., vgl. ZfdA.
38, 104). Vorschlag:* riet *statt* tete *(nach 1742; He.).*
1673 sô *Pr.He.*] swanne *H.Schr. Vorschlag:* swannez
(Campion). **1674** swer *seit H.* **1675** sînen *seit M.*
1677 enzît *Pr.*] an der zît *Schr. (vgl. ZfdA. 38, 104).*
1678 *Redeschluß He. (s. 1670).* **1679** an *seit Schr.*
1681 diu vogelîn *M. (später auch Roe.)*] die vogel(e) *H.
Schr.* **1683** maneger *Schr.*[4] **1684** brimme *seit M.
(Worterklärung s. H. z. St.)* **1685** widerstrît] en wider-
strît *M.* **1687** dô *Ki.He.* **1688** aber *Pr.* **1691**
louber *seit Schr.*[3] – und *der Hs.* streicht *Pr. Vorschlag:*
loup, blüemen unde gras *(Campion).* **1692** es *der Hs.*
streicht *Pr.* gemuoset *seit H.* **1695** swer *seit H.* **1696**
süezer sanc *seit H.* **1697** *Absatz* streicht *H.* **1698**
Umstellung Ki. enmohte vor *Pr.* **1699** vor rouwen
He.Pr.
   1700 *Umstellung He.Pr.* sa *der Hs.* streichen *He.Pr.*
1701/02 trûren:mûre *(Leitzmann, ZfdPh. 28, 261)*]
trûre:burcmûre *H.,* trûren:mûren *Schr. nach Bech, Ger-
mania 17, 175.* **1704** dar *seit M.* eine *seit H.* **1706**
dicke *Pr.* **1709** ir *seit M.* **1711** leites *seit M.*
1712 zu *der Hs.* gestrichen *seit M.* vogelsange *M.Schr.*
1713 dô *seit M.* **1715** taete] hette *M.* **1716** mirz
Pr. – M. erklärt irrtümlich den Vers für fehlend und ergänzt:
mit im an dem bette. **1717** ich *seit M.* **1718** ane
Pr.] ân *M.H.Schr. Vorschlag:* l. mit grôzer schande,
âne êre *(Pr.).* **1719/20** versleizen: weizen *M.* **1724**
gunde mir] gunde ich mir *H.Schr.* von dem ichz *Ki.*]
von dem ich solhez *M.,* des sol ichz *H.,* von diu ichz
Schr. (vgl. ZfdA. 38, 104). **1726** *Absatz Schr.*[4] diu
juncvrouwe] gegangen *M.* **1727** geslichen *seit H.* ba-
neken *seit M.* **1729** swie *seit H.* **1730** ie doch *seit
Schr.*[2]] doch *H.Schr.*[1] **1739** mich *seit M.* **1740** ê
seit H. **1741** ir *seit H.* **1742** ichz *seit H.* **1743**
entrouwen *He.Pr.* **1744** *Neufassung He.Pr. – Für* fro
mâchte *der Hs.* setzt *H.* fröuwen mehte *(vgl. Bech, Germania
17,175).* **1745** swendet] swante *H.,* swente *Schr.* – mîne
He. **1746** er stillet *Ki.* – ünde *H. – Ki.* weist auf Psalm
88, 10, wodurch *H.s* Änderung der *Hs.* in ünde bestätigt
wird *(fluctus).* ,Der mich allein glücklich machen könnte,

*der tilgt auch meine Sünden, wie er die Wellen des Meeres
stillt' (Gott).*   1747 ichn *He.* – aber *str. Pr.*   1748
envüege *seit Schr.* dann noch *der Hs. gestr. seit Schr. (vgl.
ZfdA. 38, 104).* sô *seit M.*   1750 mit *seit H.*

1753 ich *der Hs.* gestrichen *seit H.* im ie geschach *seit H.*
1754 dehein] kom im *M.*   1757 mir *der Hs.* streicht *He.*
1758 swer *seit H.* tücke *He. Pr.*   1759 vür sich *verderbt?
l.* über sich ? *(Pr.)*   1760 es *der Hs.* streicht *Pr.*] ez *H.
Schr.* – als(e) *seit H.*] alsam *M.*   1761 *Neufassung Pr.* nû
riuwet mich anders nihtes niht *M.* nû riuwet mich ez
z'unzît *H. (H. verweist auf Erec 1225. Ki. schließt sich H.
an.)* nû riuwet michs an der unzît *Schr. (vgl. ZfdA. 38,
104).*   1761/62 *Vorschlag:* nû riuwet mich anders
niet / wan daz der wîbe gegenbiet *(Ki.).*   1762 *Neu-
fassung Pr.* – *H.* und *Schr.* lesen wânde *für* ich wên *der Hs.,
M.* wîbes *für* weyber *der Hs., H.* und *Schr.* setzen wîbe *ein.*
1763 vür *He.*   1765 von *He. Vorschlag:* der *(sc.*
wîbe) *für* daz *(He.).*   1766 *Vorschlag:* streich an mir
der Hs. (He.).   1769 unz *Pr.*   1770 *Neufassung Ki.
Vorschlag: bleibe bei der Hs. (He.).*   1772 von diu *seit
H.*] dô *M.* – iu *Pr.*   1773 swer *seit H.* staeteclîcher *seit M.*
1774 hinnen *seit Schr.*   1776 hüete daz im *seit M.*
alsam] same *H.*   1777 *Absatz seit H.* lâzen *Wallner,
ZfdA. 56, 134f.*   1778 tiuschiu zunge diu ist *seit H.
(s. auch die Anm. z. St.)*] alt, junc, rîch oder *M.*   1778
–1780 *Vorschlag:* tiuhte si iu rîch oder arn. / swer der
eine *(vgl. M. zu 1779)* wil tihten, / sol er die rîme rihten
*(Wallner, ZfdA. 56, 135 verweist auf Ges. Abenteuer I,
420 und III, 5).*   1779 swer *seit H.* dar inne] der ein *M.
(im App.:* ‚von minne ?‘*).*   1780 er *seit Schr.* die]
diu *H.* rîme *Wallner (ZfdA. 56, 135).* rihten] sich rihten
H.   1782 oder *Pr.*